经营的逻辑

《环球人物》杂志社 主编

中国出版集团　现代出版社

图书在版编目（CIP）数据

经营的逻辑 /《环球人物》杂志社主编. -- 北京：现代出版社，2024.6
（《环球人物》典藏书系）
ISBN 978-7-5231-0715-7

Ⅰ. ①经… Ⅱ. ①环… Ⅲ. ①企业家－列传－中国－现代 Ⅳ. ①K825.38

中国国家版本馆CIP数据核字（2024）第007199号

经营的逻辑

主　　编	《环球人物》杂志社
责任编辑	袁子茵　陈　丹

出 版 人	乔先彪
出版发行	现代出版社
地　　址	北京市安定门外安华里504号
邮政编码	100011
电　　话	(010) 64267325
传　　真	(010) 64245264
网　　址	www.1980xd.com
印　　刷	北京飞帆印刷有限公司
开　　本	889mm×1194mm　1/16
印　　张	19
字　　数	200千字
版　　次	2024年6月第1版　2024年6月第1次印刷
书　　号	ISBN 978-7-5231-0715-7
定　　价	59.00元

版权所有，翻印必究；未经许可，不得转载

目录

经济改革的建言者

成思危：一生直言的"风投之父"   003

杜润生："中国农村改革之父"   012

迟福林：痴心海南三十载   020

周其仁：人最怕的就是被命运支配   032

易纲：本质上就是个学者   039

蔡继明：第七次个税改革听了13万条意见   045

"中国怎么想"影响世界

林毅夫：中国高质量发展有两大优势   055

郑永年：从全球视角看中国发展   066

陈志武："中国人应持有更多金融资产"   080

张晓晶：我为国家写账本   087

徐远：发展质量比速度更重要   095

何帆：在慢变量中寻找小趋势　　　　　　　　　　103

隋福民：那一代实业家的坚守　　　　　　　　　　110

民企大咖的创业史

任正非：以正行道，以非突围　　　　　　　　　　121

宗庆后：一门心思做好主业　　　　　　　　　　　156

鲁冠球：从乡野走向世界的改革先锋　　　　　　　170

曹德旺：不赚快钱，爱讲真话　　　　　　　　　　178

张瑞敏：用创新穿过面前的"墙"　　　　　　　　195

商界精英的治企方略

董明珠："好斗"背后是创新与自信　　　　　　　207

刘永好：让农民有尊严地工作　　　　　　　　　　235

梁稳根：企业家最不能忘的是社会责任　　　　　　241

南存辉：温商转型就像老鹰重生　　　　　　　　　259

民族品牌走向世界

程与俭：做"大白兔"的奶糖匠人　　　　　　　　269

韦俊贤：既有方向感，又有方向盘　　　　　　　　275

李书福：追求各种可能性并付诸实践　　　　　　　281

王传福：技术壁垒都是"纸老虎"　　　　　　　　293

经济改革的建言者

成思危：一生直言的"风投之父"

2015年7月12日零时34分，著名经济学家、中国科学院大学（简称国科大）管理学院院长成思危在北京去世。三个月前，他还在出席智库研讨会，希望智库"多讲真话实话"；两个月前，《人民日报》发表他撰写的文章，阐述金融改革不可错失的良机；一个月前，他迎来了80岁生日。寿辰当天，他赋诗《八十回眸》，其中"未因权位抛理想，敢凭刚直献真言"一句恰是他自己的人生写照。

2015年7月13日，在国科大的校园里，《环球人物》记者遇到两名刚毕业的研究生。他们指着不远处的管理学院说："在校时我们都听过成先生的课，他（学术）好厉害，讲课很吸引人。"在管理学院布置的灵堂外，跟随成思危多年的几位亲传弟子接受《环球人物》专访，回忆了更多的故事。对这位曾担任全国人大常委会副委员长、民建中央主席的领导人，被称为中国"创业板之父""风险投资之父"的社会活动家，所有学生的称呼始终都是"成老师"。

性格和蔼的导师

2004年9月,还在清华大学读大四的田歆被保送到中科院,第一次去见自己未来的导师成思危,进办公室之前腿都有点发抖。"他太有名了,又是全国人大常委会副委员长,我以为他一定像《新闻联播》里看到的国家领导人一样。"田歆对《环球人物》记者回忆说,"我本来学的是工业工程和计算机,而成老师的研究方向是金融工程和风险投资,我就更加忐忑了。结果一进办公室,发现他一点都不'威严',非常和蔼地跟我说,来了就好好干吧"。

另一位学生郭琨对导师的印象是"慈祥"。第一次见面同样是在办公室。"他个子很高,很有精神。一见面就主动伸出手来,问我学过哪些课程,一口标准的普通话,声音洪亮,底气十足。"

弟子们回忆,成思危对学生的态度像家人一样,一点都不严厉。"即便我们做得不好,他也不会批评。我那时写论文,拼音打字时常有错别字,他看论文是一字一字地看,每次都会指出来,笑着对我说:'你看看,你又粗心了吧。'"郭琨说。

田歆跟随成思危做研究工作10年,从来没见过导师发脾气。"他始终是非常和蔼的,但在学术上又非常严谨,一点小问题都会指出来,这让我在做错事的时候会感到内疚,他还会反过来安慰你。"

在上海某国企工作的高莹对《环球人物》记者回忆,第一次见成思危时,她默默地坐在师兄师姐后面,以为不会被注意到。成思危却主动跟她打招呼："你是新来的研究生高莹，那个河南小姑娘对吗？"有一次，高莹跟随成思危参加一个论坛，会后访谈刚结束，工作人员一拥而上，护送成思危离场，场面有些混乱。高莹在边上站着，突然看到人群中的成思危回过头说："还有个学生跟着我呢，她叫高莹，你们去找一下，别把她弄丢了。"

记者采访的所有学生都提到了成思危的记忆力。"每月固定的指导课都在他的办公室里，十几个研究生来自不同的院校：中科院、社科院、北大、人大、上海交大……每个人的研究方向都不一样，股市、期货、风投、社会保障等，每个人的时间是20分钟，前10分钟汇报上个月做了什么，后10分钟讲下个月要做什么。先生手中什么都没有，但不管我们说到什么，他都能马上告诉我们，哪年、哪本期刊、哪位学者做过这方面的研究，你要去看。其中很多是英文期刊、外国学者。"田歆说。

生命最后阶段仍在谈学术

田歆最后一次见到导师是2015年4月21日，他们在医院里讨论《成思危论虚拟商务》一书的修改和序言。"那时候的先生，说话声音依然洪亮。我们谈了一小时十多分钟，中间医生护士几次进来检查换药，提醒先生注意休息、少讲话，他都笑着回答：'我好好注意，不过这是要出版给外界看的著作，一定要好好修改、完善，尽量少出错误。'"

在学术上，成思危一向严谨，注重理论与实践并举。他提出，做管理学研究要"顶天立地",既要立足国际前沿,又要立足中国实际。田歆回忆,他刚开始从事虚拟商务研究时,国内没有什么资料,成思危自己花了1600多元,从美国买了原版书带回来。

2014年毕业的周舟,曾经被成思危送到上海金融期货交易所实习。"对于股指期货,很多人都研究怎么套利、赚钱。我有一次也想通过模型研究套利,成老师说,我们作为学者不应该研究这些,而应该从监管者的角度、从更宏观的角度研究市场,真正推动社会的发展和进步。"

除了严谨,成思危也把"勤奋"二字言传身教给学生。"他不允许我们看国内转载或介绍的海外文献,而要求一定要看原文。先生79岁时,我在香港的高校做研究,他还给我发邮件,让我帮他下载国内没有的英文文献。"田歆说,"多年以来,先生每天坚持用几个小时读书、写文章。他的秘书曾经跟我开玩笑,说自己是最轻松的秘书,因为先生所有的发言稿都是他自己写的,在担任副委员长的那些年里,他没有休过一天假。有一次先生、师母和我去一号店考察,师母说先生这辈子吃了很多苦,能有现在的成就,就是因为勤奋。"

郭琨最后见到导师是在2015年5月。"那天下午3点半,我和4位老师一起去医院。他很高兴,看到没提前告诉他会来的两位老师,还开玩笑说'你们这次可是插队了啊'。我们聊了一个半小时,主要是讨论《虚拟经济纵览》一书的出版。他的思路仍然非常清楚,哪里需要修改、整理一一指出,我甚至没感觉到他的病情变化。谈完学术,先生看了一眼表说,我们聊到4点半结束,我看着时间呢。他这是让我们不用担心的意思。"

田歆认为,这种旺盛的生命力源自成思危的报国情怀。"他经常对我说，如果你做的东西不能用，不能造福于社会，是毫无意义的。他嘴上从来不说报国，但我总能感觉到。居安思危，这是他父亲对他的期望，也是他对我们学生的期望。"

三次人生选择皆为报国

成思危的父亲成舍我是中国近代著名报人、台湾世新大学的创办人，母亲萧宗让曾留学法国，几个妹妹也都是各自领域的佼佼者。1952年，成舍我携全家从香港迁居台湾，五个孩子中只有儿子成思危没有听从父亲的安排跟着赴台。

1951年，在香港深受左翼作家影响、已经秘密加入中国新民主主义青年团的成思危告诉母亲，他要返回大陆。母亲很不赞成，希望丈夫能劝阻儿子。成舍我在问了儿子一堆问题后，对萧宗让说："他已经想清楚了，让他去吧，他自己负责。"萧宗让喊道："他才16岁，要他怎么负责？"尽管如此，成思危还是一个人从香港回到了广州，从此再也没有见到母亲。

半个多世纪之后，年逾古稀的成思危对媒体这样解释："你们年轻，不容易懂得那个时代。"他把自己比作《家》中的觉慧，怀着满腔的热血与激情拥抱新生政权。事实上，当时有不少香港青年像他一样，在理想的驱动下回到内地。

成思危先是进入叶剑英兼任校长的"南方大学"学习，后来又被选送到华南工学院、华东化工学院学习，毕业后被分配到沈阳化工研究院工作。当他雄心勃勃要干一番事业时,"文革"开始了,戴着"出身官僚资产阶级"帽子的成思危被下放当了锅炉工,但他却将这份工作干得有声有色,甚至还编了一本书《锅炉学》。

成思危一直谨记父亲在他12岁生日那天写下的赠言——"自强不息",他把这4个字理解为"顺境时不懈怠,逆境时不沉沦",正是这样的心态支撑他走出了"文革"的逆境。

1981年,46岁的成思危已经在化工界小有名气,却做出了人生第二次重要选择——赴美留学,而且改学工商管理。对于这次选择,他这样解释:"中国科技确实落后,但管理更加落后。如果读科技,我个人可能会有比较大的声望,但中国更需要管理人才。"

在美国加州大学洛杉矶分校,凭借天赋与毅力,成思危不到3年就拿到了MBA学位,发表了多篇学术论文,其间付出了几倍于常人的努力。

"他对我说过,刚到美国读书时,因为原来学的是俄语,英文很成问题,也不会用计算机。别人花一个小时看书,他要花三个小时;美国学生花一小时甚至几分钟就能编个程序,他却要花一天。"田歆对《环球人物》记者说。

拿到学位后,父亲成舍我希望成思危去台湾继承家业,美国的企业和研究机构也发出了工作邀请,但成思危都拒绝了。他将风险投资的理念带回国内,先后撰写了《中国经济改革与发展研究》《成思危论风险投资》《成思危论金融改革》等著作,用他自己的话说:"我毕生的抱负就是能为富国强民做点事。"

1994年,已经是化工部副部长的成思危还是个无党派人士。时任中国民建中央主席的孙起孟请他吃饭,希望他加入民建,说这样可以把自己的意见直接传达到最高领导层。"你不是想报效祖国吗?那么这是最好的方式。"一席话打动了成思危。1996年12月,成思危接任民建中央主席,1998年当选全国人大常委会副委员长。

成思危一生都秉持着一个原则:慷慨陈词,岂能皆如人意;鞠躬尽瘁,但求无愧我心。无论在人生的哪个阶段,他都告诫自己"多说真话实话,少说空话套话,不说大话假话"。他推崇孟德斯鸠的名言:"如果我的思想能够影响到很多人的话,我就是世界上最快乐的人了。"在他看来,"人一生是很短促的,你能够有你的观点和思想,能够对社会产生影响,就是很不容易的了"。

超前眼光与警世"危言"

早在留学美国时,成思危就注意到,风险投资能用市场的力量实现科技成果的转化。回国后,他开始持续推动风险投资在中国的起步与发展。1998年,在全国政协九届一次会议上,时任民建中央主席的成思危提交了《关于尽快发展我国风险投资事业的提案》,得到了各方的积极回应,被业界称为引发中国高科技产业创业高潮的"一号提案"。此后,成思危也被称为"中国风险投资之父"。可以说,"一号提案"对中国风投行业的发展以及后来的创业板设立有着巨大贡献。

成思危曾说:"要对世界上所有的新事物都保持一颗好奇心,才会促使你有求知欲,让你不断去创新、去探索、去进步。"他的治学与研究都与当今中国的一些重大社会变革及管理问题密不可分。

从1997年到去世前，成思危组织专家对虚拟经济进行了长达18年的研究，他推动建立了虚拟经济学科，为当下的经济发展和研究指明了新的方向。

"先生在学术上始终是超前的。"田歆对《环球人物》记者说，"他提出虚拟经济理论时，中国人还基本不知道电商是什么，而今天，中国社会虚拟经济发展的速度已超乎想象"。实践证明，成思危提出的虚拟经济研究的理论框架，对中国政府的宏观经济政策制定发挥了举足轻重的关键作用。

与此同时，成思危也不忘一次次对中国经济发出"危言"，警醒世人。尤其是对于中国股市，他的话往往起到"风向标"的作用，虽然有些人听了不舒服，但每次他都说到了点子上。

成思危曾不止一次地提醒小股民："现在监管和制度不到位，中小投资者风险太大，要跌起来就是先跌你们啊。"对于房价，他曾直言不讳地建议年轻人"有需要、有条件就买，不要等"，他明确表示房价大降是不可能的，"我们要增加人民群众的收入以达到买房的条件，而不是指望房价能大降。让所有的人都能有房住，是政府的努力方向"。

2013年，成思危就明确指出，中国经济的转型发展不必依赖GDP的高增速，但要严格挤掉GDP的水分。"要保持投资的适度增长，要把投资里面的豆腐渣工程、建成之日就关门的项目、过于超前的基础设施建设这三种水分挤掉，宁要7%的增长速度，也绝不要掺水的9%。"

就在2015年5月，成思危的生命只剩下最后一段时间，他还在《人民日报》上写文章指出,"金融安全是现代经济安全的核心。对于这一问题,我们既不能麻木不仁、丧失警惕,也不能神经过敏、草木皆兵"。

曾有记者问成思危:"你希望人们记住你的是一位经济学者、教授,还是一位为了国家贡献心力,提出很多重要建言的政治人物?"

成思危回答:"我想这些要求可能都太高了。我希望人们能记得的,就是曾经有这么一个人,在他一生里,为我们的国家和人民,做出了一点他应有的贡献,这就行了。"

(文/尹洁)

杜润生："中国农村改革之父"

2015年10月9日，102岁的"中国农村改革之父"杜润生走了。"兼收并蓄，有办法使歧见趋一致；德高望重，无山头却门生遍九州"，这是门生翁永曦送别恩师的挽联。

20世纪80年代初曾任中央农村政策研究室（简称农研室）副主任的翁永曦，离开农研室已30多年，但当他和《环球人物》记者谈起农研室原主任杜润生，眼眸立刻变得明亮。"杜老永远活在我们心中。"这句话说出了他的心声。

谈到杜润生在农村体制改革上的贡献，翁永曦说："他干了大得人心的事。"说到激动处，他熄灭了没抽完的烟，不自觉地轻拍桌子："杜老教导我们要守住底线、敢讲真话。""很多政治人物生前死后毁誉参半，唯杜老罕见，连反对他观点的人都很尊敬他，这太不容易了！"

启动农村改革的"参谋长"

"他受过那么多的委屈，干成那么大的事情。"翁永曦用一位老领导对杜润生的两句评价，作为接受采访的开场白。

杜润生一生，与"农"有缘，因"农"坎坷。他曾就读于北平师范大学文史系，新中国成立之初，他领导中南新解放区的土改运动，曾获毛泽东肯定。他后来撰文提出"土改解除了农民与封建地主的依附、被依附关系"，但是，"土改完成后，向农民给出什么样的制度环境成为新的重大问题。"在农业合作化运动中，身为中央农村工作部秘书长的杜润生提出要坚持自愿原则，不要一哄而起，这自然受到毛泽东的严厉批评，被指责为"小足女人走路"，"站在富农、富裕中农立场上替他们说话"。杜润生因此离开了中央农村工作部，在历次政治运动中屡遭批判，一晃就是20多年。

1979年，66岁的杜润生迎来了人生中又一个春天。他被任命为国家农业委员会副主任，分管农村政策研究。"他是站在改革风口浪尖上的人，是启动农村经济体制改革乃至中国经济体制改革的参谋长。"说起那段激情燃烧的岁月，翁永曦仍难掩激动："杜老获此口碑，首先是因为他干了一件大得人心的事。中国的农民问题，我们党倾注了极大的精力，但很长时间没有解决好。我记得万里同志曾经说过，我们党对农民是有承诺的。要让农民吃饱肚子，过上好日子。"杜润生将此当作自己的使命。

翁永曦说："杜老不是决策者，是个高级幕僚。20世纪70年代末，他要研究和解答3个问题：一是包产到户有没有显著效果，二是这种形式有没有合理性和普遍性，三是这种形式是否与社会主义兼容。"

翁永曦多次用"用事实说话"来形容杜润生的风格。"很多官员是看领导眼色说话，杜老不是。他组织了一批干部和学者，包括一些体制外有过插队经历的年轻人下去调研。他用'土地绣花'来形容农民包产到户后的积极性。安徽凤阳县包干到户一两年后，农民从缺粮吃到出现'卖粮难'。包产到户的效果是肯定的。而且，农业是有生命物质的生产，没有中间产品，从播种插秧到田间管理再到秋收有连续性，更适合家庭承包，具有合理性和普遍性。"

"兼容问题很难办。杜老想出了'家庭联产承包责任制'这个中性的词，代替'包产到户'的说法，这个提法谁都很难反对——因为无论工业、教育、科技、商业，干什么都要讲责任嘛。"

1982 年，杜润生主持起草了中央"一号文件"，首次正式承认包产到户的"合法性"，用农民兴高采烈的说法，就是给包产到户上了社会主义的户口。此后他任中央农村政策研究室主任兼国务院农村发展研究中心主任，连续主持起草了 5 个"一号文件"。翁永曦说："责任制如星火燎原、不推自广。八亿农民不再依附于人民公社，获得了经济自由。这不仅改变了中国农村的面貌，改善了农民的生活，对中国政治文明的进步也起到了重要作用。杜老参与的改革，恢复了农民对党的拥护，夯实了党的执政基础，得民心，得党心。"

"9 号院"的灵魂人物

恩师杜润生也是改变翁永曦命运的人。几十年后，翁永曦依然记得第一次见杜润生时的情景。

1979年10月，翁永曦刚被分配到《中国农民报》当记者。有一天，他奉命将社论清样送到国家农委，请时任农委副主任的杜润生审稿。翁永曦骑车来到农委，走进杜润生的办公室。正在看文件的杜润生抬起头来，"小伙子，我没见过你啊。"

"我刚来报社工作。"

"哦？原来干吗的？"

"农村插队，八年整、十年头。"

杜润生来了兴趣，撂下笔，直起身子问："时间不短啊，说说，有啥体会？"

翁永曦没思想准备，实话实说："农村太穷，农民太苦，我觉得国家农业政策应该建立在务农有利可图的基础上。"

"这算一条，有第二条没有？"

"有。我从小受到的教育就是'万花筒里看世界'，相信'大河有水小河满'。到了农村才发现，无论是自然界还是经济界都只能是'小河有水大河满'。"

杜润生没再说啥。一个星期后，调令来了——翁永曦被调到国家农委政策研究室工作。后来国家农委撤销，成立农研室，杜润生任主任，办公地点在西黄城根南街9号。从此，"9号院"就成了农研室的代称，而"9号院的灵魂是杜润生"。

翁永曦回忆，杜润生曾让他到大学应届毕业生中"招兵买马"。杜润生说："年轻人没有条条框框，我们部门需要年轻人。"他没规定招什么样的人，而翁永曦招来的年轻人让他挺满意：独立思考，敢讲真话，注重实际。后来，"9号院"成为"三农"理论与政策研究的最高殿堂，也成为中央各部委里思想最活跃、探讨改革最积极的地方之一。王岐山、段应碧、陈锡文、杜鹰、林毅夫、张木生、周其仁、戴小京等都曾经在"9号院"工作,成为杜老的门生。习近平、刘源当年在地方工作时,受聘为农研室的特约研究员,每年"一号文件"起草前,也常被请到"9号院"参加讨论。

宽厚、民主、真放手

"杜老那是真放手、真信任我们这帮年轻人啊。"翁永曦告诉《环球人物》记者:"我刚到农委那会儿,就是个普通干部,有一天,杜老把我叫去说:'中央准备未来10年向农业投入1500亿元,你考虑考虑,拿个方案吧。'我当时就蒙了。那时,我一个月工资才46元,那年代1500亿元能抵现在几万亿元吧。我还只是个科员,上面有处长、局长,杜老就把这么重的担子压过来了。"

"在杜老手下工作,最沉重的是被杜老信任,我们就是玩命也要对得起这份信任。"翁永曦说,农村联产承包制实行后,新华社有份内参,反映内蒙古出现集体资产流失问题。"杜老说,小翁你去,听听周惠同志(时任内蒙古自治区党委第一书记)的看法。居然让我一个白丁去见自治区一把手!我去了,周惠说了三点:情况属实;农民要承包,不能逆着民意;大变革有得必有失。我向杜老汇报时,概括为凡事皆有利弊,'两害相权取其轻'。杜老点头说,再看一看吧。"这件事被"轻放",没造成大的影响。

杜润生唯实。翁永曦记得他常说，中国的事不在于想要干什么，而在于只能干什么。向杜润生汇报工作，翁永曦总结出"三段式"：问题、症结、办法。"哪怕不同意你的解决方案，杜老也会帮助分析，并提出改进的建议。他最不满意的是那种只知道说出问题，等着领导发话的人。"

翁永曦告诉《环球人物》记者，他"这一辈子只被杜老表扬过一次"。但是，"杜老宽厚，跟着他能学到很多东西"。他特别钦佩杜润生的工作作风。"他很注意听取反对意见。那时候农口有几位同志激烈地反对一些改革措施，他在开会讨论时就特意吩咐要把他们请来。听到不同意见，他不会轻易打断对方的发言，总是耐心听完才逐条分析其中的利弊。"

翁永曦后来被任命为农研室副主任，成为当时全国最年轻的副部级干部，后带职到安徽凤阳兼任县委书记。翁永曦告诉记者，在凤阳时，杜润生依旧关心着他。定期派人送去文件，经常召他回农研室开会。"杜老说，包产到户也有它的问题，要继续坚持深入调查研究，找到受农民欢迎的解决办法。"翁永曦后来离开官场下海经商，杜润生仍和他保持着师生之谊。

"老爷子就是心宽"

杜润生在工作上一丝不苟，生活中却很"马虎"。翁永曦说："那时候，我上他家谈事，到中午了老头儿说'就在我这儿吃吧'，说完他进厨房了。我想，我得帮忙吧，就跟了进去，一看，老爷子正拎着一口小锅，在里面和面。然后，一手端着锅，一手拿根筷子，把面一截一截拨到灶上另一口开水锅里。煮熟了捞出来，蘸点酱油和醋，我们就这么吃。老爷子说，这叫拨鱼儿，山西的农家饭。过去在太行山打仗，后来'文革'挨斗，他自己弄饭吃，就吃这个，简单。"

翁永曦跟杜润生去太原出差，晚上逛小吃街。当时条件简陋，挂盏汽灯、摆个桌子就是个摊位。"老头儿闻着家乡小吃的香味就走不动了，说'咱们吃一碗'。我劝他：'您看，他们刷碗都只用这一桶水，不干净。'老头儿乐了：'不怕，天黑，看不见。'"

离休后，杜润生很长一段时间依旧每天看文件，关注着各种前卫的理论。他爱游泳，爱打网球，也喜欢到各地走访、调研。20世纪90年代初，杜润生去广州，看望下海创业的翁永曦。两人晚上散步到一个迪斯科舞厅门口。"他说进去看看。里面一个大舞池，听着舞曲他也跳了起来。"翁永曦说着，模仿杜润生的舞姿，先提一只脚，另一只脚蹦，然后换一只脚再蹦。"杜老说，别人跳狐步，他跳的是猴步。"杜润生还唱了首《潇洒走一回》，字正腔圆。听到老人唱"岁月不知多少人间的忧伤，何不潇洒走一回"，翁永曦感叹："老爷子就是心宽。"

每年的7月18日，都有上百人来给杜润生庆祝生日。有一次，王岐山自己开着车来了。"我是中午'逃'出来的，因为实在想见见杜老和你们，1点钟必须走。"95岁后，杜润生的听力和记忆力都衰退了，常年住在医院，但内心依然关注着农民的利益。

杜润生去世后，翁永曦赶去家中吊唁。"我们都以杜老门生为荣。人生能有这样的良师益友，太幸运了。"他提到，杜润生九十大寿时，弟子们曾在起草"一号文件"的京西宾馆相聚。那一次,杜润生提到了自己一直惦念的两件事:"用市场机制激励人,用民主政治团结人。"这两件事,也是杜润生对后辈们的期待。

(文 / 凌云　张之豪)

迟福林：痴心海南三十载

他见证了这里从一个闭塞的边陲小岛发展为改革开放的重要窗口，还将继续为自由贸易港建设奔走。

"其实无论一个国家、地区，还是一个企业，主要不是赢在起点，而是赢在转折点。"在与中国（海南）改革发展研究院（简称中改院）院长迟福林的交流中，他的这句话让《环球人物》记者印象颇为深刻。

迟福林认为，中国经济正处在一个关键的转折点上，作为经济研究专家、经济改革研究专家，在这方面更应多发声、发好声、发有用的声。同时，尽可能使自己的发声对国家经济社会生活的决策有影响，引起社会的重视，推动经济社会发展进程。

经济全球化到了一个新的十字路口

2017年是经济全球化的转折之年，全球自由贸易正遭遇严峻考验：

美国新任总统特朗普采取"美国优先"战略导向，贸易保护主义抬头；继英国脱欧后，欧盟随时可能飞出新的"黑天鹅"；中国经济下行压力加大，金融风险依然突出。

在迟福林看来，经济全球化已经到了一个新的十字路口，不确定性明显增大，有可能步入一个与以往"和平与发展"迥异的时代。面对复杂多变的外部形势和经济转型的多重挑战，迟福林率领他的中改院研究团队在《二次开放：全球化十字路口的中国选择》一书中，正式提出了"二次开放"的主张。

所谓"二次开放"，是相对于至今已进行30多年的"一次开放"而言的。"当下，中国对外开放的背景和重点都发生了深刻变化，只有加快推进以货物贸易为主的'一次开放'向以服务贸易为重点的'二次开放'转型，才能适应经济全球化新趋势，形成经济发展新动力。"

"二次开放"的前提，便是要在当前错综复杂的国内外形势下坚持自由贸易，坚持经济全球化。

近年来，全球范围内中产阶层缩小，贫富差距拉大的现象愈加突出，美国和德国的中产阶层占比都下降了10多个百分点。有些欧美国家把"板子"打在全球化上，由此产生"逆全球化"思潮。对此，迟福林认为，经济全球化的受益者并非只有中国，相反，欧美发达国家从中国的开放中获益良多，并将继续受益。

"全球需求不足的矛盾依然突出，而中国正在进行的产业结构、消费结构、城镇化结构变革，都蕴藏着巨大的增长潜力。还有正在推进的经济转型与结构性改革，都将形成新的经济增长动能。"迟福林认为。

他预测，依托巨大的内需市场，未来5年中国对世界经济增长的贡献率将保持在 30% 左右。13 亿多人的消费大市场，尤其是服务型消费大市场，将是促进经济增长的重要因素，也是中国引领经济全球化的突出优势。因此，"短期内自由贸易或将经历一次重大调整，但在中长期内，自由贸易的大趋势难以改变"。

"粤港澳服务贸易一体化"刻不容缓

目前，服务贸易已经成为全球经济增长的引擎。2016 年，中国服务贸易增速达到 14.6%，占外贸比重达到 18%。迟福林认为，未来 5—10 年，全球服务贸易仍有较大发展潜力，"二次开放"的发力点便是开放服务贸易。

迟福林介绍，中国作为第一贸易大国，市场开放的重心一直在工业领域，市场化程度已达 80% 以上。而服务业仍有 50% 左右的领域尚未打破垄断，尤其是教育、医疗、健康和文化市场，开放度都不高。2015 年，我国服务贸易在 GDP 中的占比低于全球平均水平 6 个百分点，比发达国家低 10 个百分点左右。

"在服务业领域，行政垄断和市场垄断还比较突出，社会资本、外资进入并不容易。比如通信产业被三大巨头垄断；自贸区的负面清单中，大多数项目主要限制服务贸易。"迟福林说。以健康产业为例，过去人们注重医疗，但随着国内消费结构的升级，未来国人在健康方面的需求会大大增加。但目前，国内健康服务体系亟待完善，服务人才严重缺失。"现在是有需求、缺供给，原因就在于服务业市场开放滞后。"

为此，迟福林专门递交了一份全国政协提案，建议尽快出台服务业市场开放的行动方案，打破各类垄断。比如，海南省可以探索旅游、医疗健康等领域的自由贸易。

迟福林还重点强调了要加快推进粤港澳服务贸易一体化。他认为，这不仅对粤港澳区域一体化有重大意义，而且对促进和服务"一国两制"将产生重要影响。

迟福林曾到珠海横琴考察，发现位于这里的澳门大学珠海分校用围墙将校内师生与珠海隔离开来，这种做法引起了他的深思。"这样的限制并非明智之举，粤港澳三地需要全面放开人文交流，尤其是在青年人之间放开交流。推进粤港澳服务贸易一体化，可以在这个问题上有所突破。"

迟福林建议中央层面尽快出台方案，加大顶层推动，在比较成熟的旅游、健康、教育等领域赋予广东更大的开放管理权限。"粤港澳三地的产业互补性很强，应该允许广东先行一步，对香港、澳门放开服务业，提升广东在服务业发展方面的能力，由此带动全国。"

海南"三十而立"后的改革再出发

2008年，海南建省办经济特区20周年之际，迟福林出过一本书。他在书中写下这样一段话："虽然海南岛的工作、生活环境同北京相比有很大的差距，但我很快就爱上了这片热土。转瞬间，20年过去了，我发现自己与海南的这份感情已难以割舍。这里，有我喜欢的青山绿水，更有我愿意为之奋斗的事业。尽管这20年间时有坎坷和失落，但更多的是希望与追求，是不懈的努力。"

2018年4月，在海南建省办经济特区30周年之际，迟福林《我的海南梦：痴心热土三十载》出版，在序言上，他保留了这段话，并加上了一句："说句实话，我对海南的梦想与追求有增无减。"10年过去了，他更加坚定了自己的选择。而2018年4月13日，党中央、国务院给"三十而立"的海南送上的生日大礼——支持海南全岛建设自由贸易试验区，支持海南逐步探索、稳步推进中国特色自由贸易港建设，更令他感到激动与振奋。海南的下一个30年怎么走，如何继续扩大改革开放？发展面临的短板如何解决？作为立足海南的改革智库——中改院的带头人，他从未停止过思考与探索。

2018年4月14日，《中共中央国务院关于支持海南全面深化改革开放的指导意见》一下发，便引起了广泛关注，有人说，海南迎来了发展的"第二春"。但迟福林深知，要建成自由贸易区、自由贸易港并非易事，海南虽有着得天独厚的优势，却也面临不少短板，非一朝一夕所能解决。作为政策建议者，他仍感任重道远。

海南要进一步发展，他认为有几件事很重要。首先，在全面深化改革上要释放巨大的经济活力，一定要在制度创新上下大功夫，形成一个与大开放相适应的市场环境、社会环境；其次，一定要做好开放这篇大文章，岛屿经济体的活力、竞争力在于开放，尤其要以服务贸易为重点，形成海南对外开放的独特优势；最后就是人才，如何能够通过改革开放搭建各类平台，吸引海内外人才投身于海南的建设中，这是个大问题。

在争夺人才方面，海南必须走出自己的一条路，要有新的激励办法。首先是发展的激励，海南吸引人才必须用社会化、市场化的办法来解决，比如搭建各种市场的平台、事业的平台，给大家创造环境，从而吸引人才，而不是靠行政作用。海南刚办经济特区时，出现了"十万人才下海南"的壮观景象，当时海南的条件跟现在比不可同日而语，极其落后，但还是吸引了那么多人到海南创业、寻梦。这说明，只要能创造各种机会，大家就自然会到海南来。

其次，吸引人才需要有一个好的经济社会环境，比如税收的优惠，比如提供好的教育、医疗条件。迟福林记得，在一次总理座谈会上，百度公司董事长李彦宏谈到，他们从硅谷招来的许多高科技人才都因为北京的空气问题离职了。他当时就问李彦宏能不能考虑将公司迁到海南来。李彦宏说，如果海南能够解决老人的看病问题和小孩的教育问题，那会考虑选择海南。

2018年，国际上还没有一个这么大面积成功地发展自由贸易区、自由贸易港的经验，海南必须借鉴国际上各方面的成功经验，同时突出自己的特点，大胆地试、大胆地闯。比如新加坡在法治化建设上、贸易规则管理上的经验值得学习，香港的国际消费中心和服务业做得特别好，各有各的优势，海南要借鉴不同地方最成功的经验，而不是哪一种模式的单一照搬。

海南独特的资源优势、气候条件，使它成为发展医疗健康养老产业的一个最佳选地。国内对健康医疗的需求日益上升，将成为支撑海南医疗健康产业发展的一个最重要的大市场。同时，海南有开放政策的支撑，在全国拥有最开放的医疗健康产业的相关政策。

比如，海南发展医疗健康养老产业，将会带动以医疗健康为重点的相关服务业的发展，比如对护理人才的需求会带动当地职业教育的发展；它会带动大量的健康医疗服务机构到海南落户，甚至一些国际知名的机构，从而形成以海南为基地、面向全国甚至面向东南亚的一个医疗健康胜地。

海南30年的发展是中国40年改革开放的一个历史性缩影。改革开放使海南从一个边陲小岛变成了对外开放的重要窗口，极大地迸发了海南经济社会发展的活力，形成了一个初步繁荣的宝岛。海南的实践证明，中国的改革开放道路决策是对的，证明了中央办经济特区的选择是正确的。

在改革开放40周年和海南建省办经济特区30周年之际，中央做出的支持海南全面深化改革的重大决定，既是海南"三十而立"的一个重大机遇，更是我国改革开放的一个重大战略部署。它必将大大提升我国改革开放在整个世界的影响，也必将推动我国在区域一体化、经济全球化中发挥重要的作用。同时，这也标志着我们的改革再出发。中国改革开放40年，最好的庆祝方式是改革的行动。中央决定海南建自由贸易区也好，建自由贸易港也好，是以务实的重大改革举措来纪念我们的改革开放40年。更重要的是，它表明了我们将改革进行到底的决心，表明了中国将改革开放大旗一扛到底的气魄。所以，它是下一轮30年或40年改革开放的一个重要的开始。

转折人生中的改革初心

迟福林对于中国经济和行政体制的深入研究和高度敏感，与他充满转折的人生际遇分不开。

他16岁入伍，有20年的军龄。1978年，在部队表现优异的迟福林获得了进入北京大学进修的机会。入校一年半，他就"疯狂"地选修了经济学、哲学等近20门课程，毕业时破格获得了北大的本科同等学力。

"学习期满后，部队要调我回去，教我的两位老师骑着自行车去做我单位领导的工作，说能不能让这个小伙子留下来多读一年。"这一幕让迟福林铭记至今，"从那一刻开始，我觉得做一个具有专业精神的、真正的知识分子，是值得追求一生的事业。"北大这张珍贵的同等学力证书，也成为他从军人转型为学者的"立足之本"。

中共十三大结束后，正在中南海工作的迟福林主动要求调往海南，参与筹备建省事宜。"作为一个改革研究者，没有地方工作经历就无法直接了解经济社会。"他用了不到3个小时办完了军转手续，次日就背起行囊，踏上了南下的旅程。

一下飞机，眼前的景象让迟福林产生了巨大的心理落差。"一条像样的公路也没有，晚上十几个人挤在一个房间里，室友打牌吵得我一晚上没睡着觉。"海南的落后状况让他更坚定了留下来的决心：这个地方不改革是没有出路的。"改革就是创新，创新就有可能失败；不改革就没有失败，但也是不作为。"

30年间，迟福林在海南经历了两个工作单位。1988—1991年，他担任海南省委政策研究室、省体制改革办公室主要负责人。这4年间，他和30多位同事不分昼夜、加班加点，为大特区的发展出谋划策。"可以说，那是一个改革激情燃烧的岁月。"他对记者回忆道。1991年

11月1日，中国（海南）改革发展研究院成立，迟福林开始了另一段创业生涯。本着"立足海南"的宗旨，他和同事们从未停止对海南改革开放事业的追求与探索，在许多海南改革发展的关键节点起到了重要作用。

凭借对改革的"执念"，迟福林屡屡"以身试险"，中国第一家股份制航空公司——海南航空就是这样应运而生的。在海航成立之前，岛上只有少量航班，"进得去，出不来"的问题严重制约了海南岛的发展。让当时的省政府出资成立航空公司并不现实，而要批准成立股份制航空公司又是一件极为"冒险"的事。

1991年，随着海南开发进程的加快，进出岛交通问题日益严峻，省里咬着牙从只有两三亿元的省级地方财政盘子中拿出1000万元，筹建海南航空公司。用海航董事长陈锋的话说，这1000万元连一个"机翅膀"都买不到，怎么办？出路在哪里？负责筹建海南航空的陈锋、王健找到迟福林，要求申报股份制改革试点。这个请求，给他出了一个大难题。因为当初国家明令禁止航空公司搞股份制。到底该怎么办？召开会议讨论这件事，肯定通不过。

没办法，他只能深夜打电话给在京开会的刘剑锋省长。电话里，刘省长十分明确："权力在你手里，你掂量着办。"他知道了刘省长对此事的态度。于是，作为当时海南省体改办和省委研究室负责人，迟福林表现出了军人的担当和铁腕："我那时想的就是，认准的事情就去做，错了我来承担。同时严格约束自己，手下的司机买了股票，我也要求他必须退回去。"海航正是用募集的这2亿元资金租赁了3架波音737飞机开始起步，才有了如今的发展。

迟福林向记者坦言，当年的很多决定都是被"逼"出来的。"海南建省之前，每年的财政收入才2.7亿元左右。没有钱，没有像样的企业，没有像样的市场，怎么办？只能靠改革寻出路。"

1991年，中改院在海南成立。26年来，在迟福林的带领与推动下，中改院坚持自负盈亏办社会智库，每年形成一部改革研究报告，着眼实际、发现问题、寻找答案。迟福林说，没有好的思想和建议，智库的生命力也就不复存在。"在海南岛这个学术氛围并不是最好的地方，怎么能不断地提出一些既客观独立又比较超前而务实的建议或思想，直到今天我仍感压力巨大。"

三亚凤凰国际机场通航后，在研究如何进一步扩大对外开放中增创海南经济特区新优势的时候，他提出了三亚建设国际化旅游城市的思路。时任三亚市委主要领导很重视这个建议，同他谈了几次。

1996年，在海南省理论研讨会上，他建议国家尽快明确三亚市为国际性旅游城市，并给予相应的改革试点权力和政策支持，旨在吸引更多外商投资三亚旅游建设，提高三亚在国际上的知名度，吸引大量国际游客。1998年4月16日，在海南跨世纪发展研讨会上，他又提出"创造条件，尽快把三亚宣布为国际化旅游城市"。5月，中改院提交了《关于建设三亚国际化旅游城市的建议报告》。2000—2009年，他带领中改院的研究团队提出并形成国际旅游岛的思路建议。省委、省政府结合海南实际，反复研讨，最终采纳了中改院关于国际旅游岛的建议，并且向中央申报。

应该说，那些年他与中改院的同事相当一部分经历是在为国际旅游岛鼓与呼，为海南产业开放鼓与呼。

做好"很了不起"这篇大文章

在邓小平的倡导下,1988年,中央作出海南建省办经济特区的战略决策,并明确海南可以实行比其他经济特区更加灵活的政策。自此,海南开始了"大开放"的诸多探索。当年,迟福林作为第一个到海南报到的中央下派干部,参与并见证了海南探索"大开放"的历程。

1988年4月13日,第七届全国人民代表大会第一次会议通过了《关于设海南省的决定》《关于建立海南经济特区的决议》。这一天,迟福林在京参加了广东省为海南建省办经济特区举办的午宴。那天中午,他多喝了几口酒,为自己能见证海南建省办经济特区感到荣幸,为能投身我国最大经济特区的改革开放事业中去、实现自己的人生梦想和价值感到兴奋。

2018年,海南迎来了建省办经济特区30周年,这是一个值得好好纪念的日子。一方面,他为30年来海南发生的巨变和取得的成就感到高兴。拿几个数字来说:2017年,海南GDP总量是1987年的77.9倍,人均GDP为52.4倍,地方一般公共预算收入为227.7倍。没有30年的改革开放,就没有今天海南所发生的历史性变化。

另一方面,他为海南建省30年后经济发展尚未赶上全国平均水平,并且同发达地区的差距有所拉大而感到巨大压力。也拿几个数字来说:1988年底,海南的GDP总量是广东的1/15,2017年为1/20;1987年海南的GDP总量比深圳还略高一点,2017年仅为深圳的1/5左右。这说明,海南发展潜力还远未释放出来,海南的改革开放还大有文章可做。

这两组数字,使他在欣喜的同时,更感到一份沉甸甸的责任。

多年来,他始终没忘邓小平1987年讲的两句话:"我们正在搞一个更大的特区,这就是海南岛经济特区","海南岛好好发展起来,是很了不起的"。这个"很了不起",鼓舞了多少人为之努力探索。海南建省办经济特区30年,从一个封闭半封闭的国防前哨成为我国改革开放的前沿,从全国经济社会发展落后的地区之一成为享誉世界的国际旅游岛,在做"很了不起"这篇大文章上取得了历史性成就。但是由于种种原因,至今仍未完全实现"很了不起"的目标。今天站在新的历史起点,海南要下力气继续做好"很了不起"这篇大文章。

国家处在大转型、大变革的时代,迟福林深知,作为一名改革研究者,他所能做的就是尽最大努力提出前瞻、务实的决策建议,让中国经济在这一波转型大潮里稳中求进。他认为自己和这个国家一样,依然"在路上"。

(口述/迟福林 采访整理/王艺锭)

周其仁：人最怕的就是被命运支配

1978年的高考在7月的盛夏举行，周其仁仍记得，刚考完试他便迫不及待地下河游泳了。当年610万名考生中，有40万人成为佼佼者，迎来自己命运的拐点。周其仁便是其中一员。那时，他已经在靠近中俄边界的国营农场度过了整整十年的青春岁月，恢复高考使他从完达山里的猎人成为中国人民大学的一名学生。那一年，中国正式拉开改革开放的大幕。40年来，他是中国改革开放的亲历者、见证者，更是受益者。

"最理想的工作是开拖拉机"

周其仁出生于大都市上海，1968年，他响应毛主席发出的"农村是广阔天地，到那里是可以大有作为的"号召，乘坐了四天三夜的火车，来到地处黑龙江虎林县的生产建设兵团850农场。那时的他，已经做好了扎根的准备。

"我下乡是1968年8月,那时候城乡之间互相流动还是很大的一件事情。因为当时的经济发展水平和社会体制,跟今天是截然不同的。当时我们从城里去农村,是因为毛主席发了号召,但是谁要是去了再想从农村回城,就不行了。

"其实,那时从城里去农村也并不容易,需要当地给安排工作、口粮,而农村粮食本来就没有富余,人口又很多。到了20世纪80年代,还是近10亿人口,8亿农民。我去的地方不是人民公社,是黑龙江生产建设兵团,属于国营农场体系,相对还比较好办。因为它是国家的,说加点人就可以加点人。

"当时的体制是,城里人和农村人是完全两种不同的人。因为城里是国家包下来,有工作、有退休金,日常供应也有保障,农村是没有这套体制的,就靠农民自己。所以也是截然不同的两种生活方式,除了极个别的农村,绝大多数农村的生活比城里贫穷得多。

"要不是邓小平重新恢复高考,我是不可能回来的。当时去了农村都是要扎根的,要一辈子待在那儿。当时,上海去了好多人,开始的时候还要报名,因为当时黑龙江生产建设兵团虽然叫国营农场,但是已经改成军队体制。在那个年代,军队有很高威望,属于解放军序列,所以还要挑一挑、选一选。我们学校第一批就12个同学去,像我家成分不算好,录取的时候排在最后一个,是勉强挤进去的。但是越往后,城里是'一片红',除了很少的独生子女,还有父母或者本人身体不好的,其他统统都要下乡。

"知识青年去国营农场比去一般人民公社要好。首先我们是工资制,每月发薪水,跟国营工厂是一样的,只不过工资水平低一点。另外,因为是国家投入,所以去了以后生活条件比一般人民公社要好很多。准确地讲,我是去当农业工人,去了以后最理想的工作是开拖拉机,但是没轮上,我就被分到山里打猎去了。"

最骄傲的身份是"杜润生门生"

外人眼中的周其仁,是北大最受学生欢迎的老师,是为人景仰的经济学者,但令他自己最感到骄傲的身份,是"杜润生门生"。杜润生被称为"中国农村改革总参谋长",正是他的赏识、引导,使一批年轻人踏上了研究农村改革发展之路。

"历史上,我们国家是有迁徙自由的,人可以跑来跑去,出去闯荡,进城打工。像我的父辈就是从浙江山区到上海当学徒的。那时候,一个村里只要有一个人先在上海站住脚,当了学徒或工人,一有机会就会介绍自己的同乡来。这种状态基本持续到20世纪50年代,当时中华人民共和国第一部宪法是写有迁徙自由的。

"但是后来'大跃进'以及相继发生的饥荒,城市粮食不够供应,因为人们的户口一旦转到城里,国家就要负责供应粮食。仅1958年到1960年,约有2000万人转入城里,粮食供应不了,政府就决定把这些人再迁回农村去。从此城乡这个门就关上了,再也不能自由流动了。

"所以基本上在20世纪60年代初以后,城乡之间体制的壁垒就很高了。那时候农村的人,要不就考上大学成为技术干部,进入城市体制,要不就当兵,而且要当'四个口袋'的军官,才可能进城,其他要跳出农门,可是不容易。后来修订宪法,迁徙自由就被拿掉了。

"这种状态从 1961 年一直持续到大概 1981 年、1982 年。改革开放以后,农村粮食产量上来了,国家就发现很多劳动力用不着在那么小块地里待着了。但开始的时候仍希望他们不要进城,因为城里也没地方待,没有工作机会,住房也不够。我们搞了几十年计划经济,是'一个萝卜一个坑',城里人的住房都非常狭窄,再加上你没有粮食、没有工作、没有社会保障这套东西。但允许农民搞农业以外的工业、副业、商业活动,所以开始的一个时期政策倾向叫作'离土不离乡,就地富起来',于是就有一些地方办了乡镇企业。

"再往后发展,城市改革开始了,工业活动、商业活动多了起来。对农民来说,哪里收入高一点,他就愿意到哪里去。因为乡镇和城市生产率有差别,工资就有差别。所以'人往高处走',大家发现城里收入好,就想去试试。

"20 世纪 60 年代以后直到今天,我们的宪法也没有把迁移自由权再写进去。事实上,这项权利在慢慢发育。最早是 1983 年中共中央一个文件写的一句话,叫'允许农民自带口粮进城镇务工经商'。后来等到粮食问题基本解决了,在城里挣的钱可以买到粮食,这个门就开始打开了。虽然国营企业招农民工并不多,但是城市建设需要很多农民,搞建筑、生活服务,从事苦脏累和危险的工作。再后来开始大量办民营企业,民营企业可以招农民工。到高峰的时候,好几亿人到城镇来。

"现在除了北上广深这几个超大城市,大部分中小城市基本没有城乡之间的壁垒了。但是你要问打彻底了没有,我认为过去那个城乡隔离体制的尾巴还很长。我们的国民权利，是发展起来了，但是用一句行话来讲，还不便携带。比如，你是安徽户口，读书权就在安徽，高考权也在安徽，但按理说凡中华人民共和国公民，虽然生在安徽，到了上海就应该可以在上海读书，到了北京也可以在北京参加高考。但现在还做不到，这就是身份、权利属地化。人不应该有这种与生俱来的身份差别。人如果有与生俱来的身份差别，他就会觉得这是命中注定的，自己再努力也没有用。人最怕的就是被命运支配，不能主动努力地去改变命运。"

"社会流动有它的平衡机制"

周其仁的成长史伴随着新中国的建设与发展史，他的人生轨迹也充满着戏剧性的转折。他从大都市上海来到了离家千里的东北农场，成为深山里的一名农业工人。当改革的大潮袭来，他又幸运地成为一位近距离的观察者、研究者和见证者。记者问到对近年所谓阶层固化论有什么看法，周其仁不以为然。因为他自己的经历以及迄今为止的观察，并不能让他觉得有根据可以表示赞同。

"农村和城市之间还有较深的鸿沟，但也不是绝对不能跨越。社会的人口流动，有它自己的平衡机制。我们不能仅仅看到一截，然后就把它推到无限远。我认为还是要把时间放进去，在一个长过程里观察，一个变量发生变化，其他很多变量也是要变的啊。我们的语言叫相对价格变了，一连串变化终究要跟着发生。从这个立足点看，不要怕农村的人往收入高的地方跑。年轻劳动力要走，首先是收入差决定的，你要挡住他，那是没道理的。不让过多的农村人口进城，不但会使他们的收入降低，整个国民收入水平也提不高。

"农村人少了，相对来说土地就多了，人均资源增加，人均所得也可能逐步提高，搞经营就可能挣到钱了。当然还要加上一些措施，特别是开发农业技术，对基础设施做必要投资。现在消费者肯出钱了，知道要出好价钱来买好的农产品。既然有人愿意出好价钱，那么做投资、发展经营的意愿就会上升。当然，这个过程还会冒出无数实际问题要解决，那就一个个去解决。过去两句老话我看现在也管用：一靠政策，其实最要紧的就是体制改革政策；二靠技术。

"我也不大相信所谓中国社会阶层已经固化。我们当年下乡时，我哪里敢想上大学、回城市、当教授啊？但世界终究会发生变动，变动之中总有规律。尤其今天的中国，又是开放又是技术进步，变化超出预想，怎么可能固化？

"多少厉害的农民早就冲进城镇，或在农村上了台阶。举个我认识的人的例子，这个人叫周克成，是云南农村出来的，先到广州打工，后来他开始看报摊上的报纸，有一些专栏吸引了他，觉得很有意思。然后就跑到北京，在北大附近一边打工，一边听课，听完好几个老师的课，自己也动手写作，几年后应聘到网络媒体当上了编辑，现在一个经济学会里做专业性工作。我们北大的保安中，很多人是一边站岗，一边业余听课，然后抓住机会就冲破固化。当然不是所有人都那么幸运，但是只要努力，总还是有机会的，这个机会从历史的尺度看比过去多了。

"当然,前提是一定要在基本教育上持续投入。20世纪80年代我初到温州调查的时候,还没有义务教育法,很多厂子的工人是青少年,工作是做纽扣、穿珠子。我问为什么干这个,回答是比在家放牛强。好多贫穷的家庭觉得小孩干点活,捡点柴火也比读书强。今天再看,至少九年义务教育制在全国是普及了。我们大学对口扶贫单位在云南弥渡县,我去看过几次,村里孩子一律住宿上学,一礼拜回家一次。我不是说现在已经够了,还应该继续投入。特别是还要深化改革,户籍制度改革要去掉那条长长的尾巴。但是顺着历史这条线看,再穷的地方和家庭,孩子只要接受了九年义务教育,来日的机会一定比过去大。

"现在社会其实提供了比过去更多的机会,经济在增长,每天会增加很多新机会。当然,永远做不到一步登天。但是总的来说,机会比过去多了。只要坚持努力的人,明天都会比今天过得好一点。要有一个好风气,就是不能屈从命运,更不能等着天上掉馅饼。

"如果没有当年恢复高考,我就在黑龙江一直打猎打下去了;如果没有改革开放,一个人生于斯就基本绑在一个地方了。我是初中毕业,没上过高中,后来有高考机会,自己再把高中的课本拿来学习,等于是自学的。当然我比较幸运,我们农场水利科有位技术员,是1958年下放到北大荒的'右派',帮我补习高中数学。为什么帮我?他说他那代人的生命就那样过去了,看到你们有机会,帮一把也高兴。要不是考上大学,我可能就永远没机会接受更好的教育。从这一点上,对于我们这代人而言,不是抽象的道理让我们感谢改革开放,而是我们自己的命运就要感谢改革开放。"

(口述/周其仁　采访整理/王艺锭)

易纲：本质上就是个学者

"我的心情是平和和庄重的，使命是非常神圣和光荣的。"2018年3月19日，刚过完60岁生日的易纲接棒周小川，承担起了全球第二大经济体央行行长的角色。面对媒体的"围追堵截"，他平静地说。

2018年是易纲在央行任职的第二十一个年头。改革开放之初，那个在北京顺义郊区插队的知青，刚刚成为未名湖畔的一名大学生。原本想报考法律系的他，因担心家庭出身不好影响政审，而改填经济系。他没有想到，这个不经意间的决定，使自己的人生从此与这个国家的命运紧紧相连。

一心想回国的年轻人

易纲当选央行行长的消息一公布，同为留美归国经济学家的北京大学原副校长、北京大学汇丰商学院院长海闻在朋友圈发了一条消息：

"热烈祝贺当年的下铺兄弟、回国创业搭档易纲荣任央行行长！不容易啊！"作为易纲的大学同班同学，海闻与易纲相识40年，昔日"睡在下铺的兄弟"在2018年成为央行行长，他深知其中的不易。

海闻与易纲都是恢复高考后的首届大学生，就读于北京大学经济系77级。上大学前，海闻已在黑龙江经历了9年的知青生活，19岁的易纲正在北京郊区顺义县插队。易纲当过知青队长，干过伙房管理员。海闻对《环球人物》记者回忆，77级的学生当中年龄相差很大，最大的33岁，最小的只有16岁。易纲入学时19岁，算是比较年轻的。"他特别积极上进，英语特别好，是我们当中第一个在大学里入党的同学，1980年北大选派3名学生去美国交换留学，他就是其中之一。"

易纲到了美国后，先是作为交换生，后来到哈姆林大学攻读工商管理硕士，毕业后又拿下了伊利诺伊大学的经济学博士学位。博士毕业后，易纲就有回国的想法，当时的北大校长张龙翔给他写了一封信，告诉他如果不在美国工作，对美国的大学和教育是完全不懂的。

于是，易纲决定先留在美国工作。他在印第安纳大学谋到了一个助教的职位，一个月只需要上两天班，工资是税前5000美元。而他的母亲在国内担任小学校长，每月工资99元人民币，按当时的汇率换算美元，还不到27美元。"在我心里她是一个全能的人，能力比我要强多了，她管一个学校，管几十个老师、几百个孩子，而我20多岁，一个星期只需要上两天班。"这让易纲感受到了当时中美之间的巨大差距。由此所引发的思考，也开启了他对于中国经济的探究。用他自己后来的话说，"有时候提出问题或许比找到答案更为重要和有趣"。1992年，易纲获得了印第安纳大学的终身教职，但回国的念头一直在他的脑海中萦绕。

当时，本科毕业后到了美国的海闻也已在加州大学戴维斯分校拿到博士学位，在一所大学任教。他们一群留美学者经常聚在一起讨论中国的经济问题。"我们都想回国，但一直在等待一个合适的机会。"海闻说。

1993年，党的十四届三中全会提出要建立社会主义市场经济体制。那一年，时任中国留美经济学会会长的易纲，牵头组织在海南开了一次学术会议，邀请当时留美和留英的一批学者一起讨论中国如何走向市场经济的问题。海闻记得，"周小川、马凯、林毅夫和还在英国的张维迎等许多经济学者都参加了这次会议"。"在这个会上我们就商量回国的事，当时我和林毅夫主要是想推进经济学的教学，易纲跟张维迎希望能推动经济学的研究，我们就决定一起创办中国经济研究中心（现北京大学国家发展研究院前身）。"

虽远在异国，过着富足舒适的生活，但得知祖国要进行社会主义市场经济体制改革，这些青年学者的热血随之澎湃：在国外多年的学习和积累终于有了用武之地。

"他本质上就是个学者"

作为周小川任职央行行长期间最重要的助手之一，外界对易纲的评价与周小川如出一辙：良好的国际口碑、较高的专业素养，还有一点便是，二人皆为学者型官员。易纲的专业能力在业界备受认可。他的研究方向为计量经济学、货币银行学和国际金融，多年来一直从事中国经济相关领域的调查研究，在英国国际学术期刊上发表论文20多篇，英文专著《中国的货币、银行和金融市场》被世界银行和国际货币基金组织（IMF）等国际组织多次引用。他主编的《货币银行学》，至今仍是广受推崇的经典教科书。

成长于教师家庭，自己也担任过多年大学教授的他，对教育非常关注。在创办中国经济研究中心初期，他便力主在北大创办经济学双学位项目，向全校其他专业的学生教授经济学知识。"20年来，这个项目在北大非常受欢迎，培养了很多学生，不仅为学生就业开辟了一条路，而且传播了经济学知识。至今约有1.2万名学生拿到了经济学的双学位，影响非常大。"现任北大国家发展研究院院长的姚洋告诉《环球人物》记者。

姚洋与易纲有着一段特殊的缘分。1996年夏天，刚在美国威斯康星大学拿到农业与应用经济学博士学位的姚洋前去旧金山参加美国经济学会的年会，顺便找找工作。当时，刚成立两年的中国经济研究中心在美国招聘，姚洋前往应聘，主考官正是易纲。"易老师非常随和，我加入中心的时候还属于草创阶段，就十来个人，大家联系非常紧密。当时易老师管研究和教学，对中心做出了很大贡献。"

1997年，易纲被调入央行，但一直坚持带研究生，也经常参加中国经济研究中心举办的各种活动。"易老师和学生的联系也很紧密，原来几乎每周都会跟学生一起活动，打羽毛球、乒乓球，或带着他们参加活动，了解他们的情况。他非常平易近人，没有一点官架子，一坐下来大家就是老同事，本质上他就是个学者。"姚洋告诉记者。

除了对专业的孜孜以求、对教育的全心倾注，易纲的"学者气"还表现在，他是一个有着强烈社会责任感的人。2003年，易纲出版了《中国货币化进程》一书，书中写了一些看似跟主题无关的细节：我对居民楼一年到头总有人在搞装修深恶痛绝,对市政建设规划不精细、拉链路的频频出现无可奈何,对长官意志造成的马路人行道地砖的反复更换,路旁树木不断更新感到啼笑皆非……我对水资源的担心尤甚,曾经研究过节水马桶的设计和推广,曾因试验两次小便后冲水一次而受到家人批评。

易纲曾说:"以前有人问我为什么变成官员,我只想说我的最终理想还是做老师。但是我现在有这样一个工作(指作为官员),我就一定会把它做好。"易纲的理想是,退休之后继续做一名教师。"我希望做一个普通人,普及国民素质,传授一些知识,做一些有用的事。"他曾对学生这样规划未来的退休生活。

"改革派"被寄予厚望

作为一名资深"海归",易纲担任央行行长给世界释放出了中国将继续推动全球化、持续进行市场化改革的信号。

事实上,易纲一直是坚定的"改革派"。在他担任国家外汇管理局局长的2010年,中国结束了自2008年下半年以来人民币汇率盯住美元的做法,使得人民币的汇率逐步由市场需求来决定;2015年,他推动的"8·11"汇改轰动一时,认为"一个僵化的、固定的汇率是不适合中国国情的"。2017年末,他还撰文指出,我国将在2018年正式实行全国统一的市场准入负面清单制度。

易纲接任央行行长后,面对的挑战依然严峻。他将如何带领央行保持货币政策稳健，在管住货币供给阀门的同时守住不发生系统性金融风险的底线，继续稳妥推进各项金融改革？国内外都有期待。

海闻对《环球人物》记者说，一个国家的货币政策不是一个人能决定的，不管谁当行长，都不是由行长的经济思想来决定的。"易纲本身比较专业，比较开放、国际化，大家预期他的货币政策一定会结合中国和国际的情况来对中央提出一些建议，相信他会继续推动金融方面的改革开放，同时又会极力维护金融方面的稳定。"

获得包括行政体系在内的广泛支持，是一个央行行长履职的关键。货币政策要更好地发挥作用，离不开各方支持和社会公众的理解。海闻认为，易纲在这方面深具优势。他和主管金融工作的副总理刘鹤早就熟识，且同在中央财经领导小组任职，这将有助于他在央行行长任内的施政。

"相信将来他们会有很好的配合，整个货币政策的制定、沟通会比较好，理念也会比较一致。总的来讲，一定是更加国际的、开放的，同时又是稳定的。"海闻说。

姚洋告诉《环球人物》记者，在2018年中美贸易战剑拔弩张的背景下，易纲担任央行行长更有着特殊的意义。因为他的留美背景，他与美联储、国际货币基金组织等的关系都处得比较融洽。"贸易战真的打起来肯定是影响非常大的。从货币政策这个角度来说，我们有一个像易纲这样的人，可以起到一个桥梁作用，有利于控制态势，不让贸易战波及更广泛的领域，毕竟中美还要在很多方面进行合作。"

（文／王艺锭）

蔡继明：第七次个税改革听了 13 万条意见

清华大学明斋建于 1930 年，有一种静谧之气，但楼外的路上也不乏往来的车辆。在这里做学问的人，心境想来是介于庙堂与江湖之间，正如清华大学政治经济学研究中心主任蔡继明给《环球人物》记者的印象。

作为全国人大财经委员会委员，蔡继明为这次采访提前准备了一沓文件材料，其中包括一份《对个人所得税法修正案草案的修改建议》。此次个税改革受到社会高度关注，2018 年 8 月 31 日，在第十三届全国人大常委会第五次会议上，表决通过了关于修改《中华人民共和国个人所得税法》的决定。这是自 1980 年个税立法以来的第七次修改。

免征额从 800 元开始调整

人们通常所说的"起征点"其实应该叫作免征额，或称个人所得税费用扣除标准。蔡继明对记者解释了其中的不同。

"采用免征额计税和采用起征点计税是两种完全不同的方法。比如你的工资是5001元，如果免征额为5000元，那么计税部分就是1元；如果起征点为5000元，那么工资5000元以下的人免税，而5000元以上的人要按工资的全额缴税，你的缴税基数就是5001元。中国实行的是免征额计税方式，即前5000元免税。"

1980年，《中华人民共和国个人所得税法》正式通过，免征额定为800元。当时中国老百姓的平均工资才三四十元，因此需要缴纳个税的主要是在中国境内工作的外国人。按照规定，当时外籍专家的工资不能低于800元。

之后30年间，随着改革开放的不断深入，中国人的收入水平逐年提升，个税制度也历经多次修改。1986年，国务院出台《个人收入调节税暂行条例》，形成了对内、对外两套个人所得税制；1993年，个税法进行了第一次修正，规定不分内、外，所有中国居民和有来源于中国所得的非居民，均应依法缴纳个税；1999年，个税法进行了第二次修正，到此时，免征额一直维持在800元。

从2005年到2011年，个税法又经历了4次修改，免征额从800元逐渐提高到3500元，税率也调整为7级，最低一级为3%，最高一级为45%。

在蔡继明看来，此次修改个税法有几个原因。"首先是距上次修改已过去7年，居民收入和生活费用都有所提高，原来的标准需要调整；其次，中国经济已经从高速度转向高质量发展，尤其面对国际环境的变化，需要进一步增加居民可支配收入，提升消费水平；最后就是要缩小不同阶层之间的收入差距，这也是个人所得税的立法初衷之一，即促进社会公平。"

这次最受社会关注的一点是免征额从 3500 元提高到 5000 元。蔡继明认为这一变化的最大受益者就是广大低收入阶层。根据财政部的统计数据，修法后，个税纳税人占城镇就业人员的比例将由现在的 44% 降至 15%。

"2008 年，免征额为 2000 元的时候，官方统计的全国个税纳税人约为 8400 万。2011 年，免征额提高到 3500 元时，纳税人已经减少到 2400 万，约占全国总人口的 2%。到 2015 年，财政部专家估计当时的纳税人为 2800 万。这次修法后，纳税人数字肯定还会有一个大幅下降。"蔡继明对记者说。

谁最应该缴纳个人所得税

纳税人数量虽然减少了，但并不意味着国家征收个人所得税的收入总额下降。事实上，长期以来，各界争论的一个焦点是"谁最应该缴纳个人所得税"。

"对国家财政来说，个人所得税是非常重要的。关键在于，应该征收哪些人的税？"蔡继明对记者说，"在美国，年收入 10 万美元以上的人属于高收入阶层，其人数占全国工作人口的 10% 左右，但他们缴纳的个税却占美国个税总收入的 60% 左右。"

数据显示，1992—2008 年，中国的国民可支配总收入年均增长率为16.7%，已经不低，但相比于同时期企业可支配总收入年均增长率21%，仍有一定差距。根据世界银行的数据，2005年中国收入最高的10%的群体，其收入占国民总收入的比重为31.4%；根据国家统计局的数据，2009年我国城乡居民收入的差距为3.33倍。

"这次修改个税法，我们计算了全国城镇居民的平均工资，包括公有制单位和非公有制单位，发现平均工资是4922元。如果去掉北上广深等一线城市，这个数字会更低。但一线城市的生活成本普遍较高，年轻人光是租房子可能就要花掉工资的1/3，更不用说买房。所以，此次个税调整的一个重要目的，就是进一步降低中低收入群体的税负。"

具体措施除了提高免征额外，还包括增加各种扣除项：子女教育、继续教育、大病医疗、住房贷款利息或住房租金、赡养老人等。此外，还有一些收入不用缴纳个税，包括按照国家统一规定发放的补贴、津贴，独生子女补贴、托儿补助费等。

"目前，我国劳动者收入在整个国民收入分配中占的比重仍然偏低，所以中央一直强调，收入分配制度改革的一个重要任务，就是提高劳动者收入在整个居民收入中的地位。未来的改革会进一步向着减轻普通劳动者税负的方向发展。"蔡继明说。

"不要追求毕其功于一役"

除了工资、薪金所得外，普通劳动者也存在一定的非劳动收入，如购买股票、投资房产、出租房屋所获得的收益等。此外，企业所有者的经营收入也是个人所得税的重要来源。

蔡继明坦言,改革开放前没有非劳动收入。"那时把工资存到银行叫支援国家建设,利息很少,相当于国家给你的一点奖励。随着改革开放的不断深入,人们的非劳动收入,包括财产收入、经营收入都在增加,这是改革开放的必然结果。"

在中国经济的不同发展阶段,劳动收入与非劳动收入的比重不尽相同。改革开放初期,为了鼓励人们投资、致富,政府为财产收入、经营收入提供了比较大的发展空间。几十年来,民营企业也为社会提供了大量就业岗位,对中国经济的快速崛起做出了很大贡献。

但是,劳动收入与非劳动收入需要进行合理平衡,不能顾此失彼。"如果劳动收入在 GDP 中占比过低,不利于社会的稳定,需要调整个税政策以达到一种长期平衡。"

数据显示,1997—2007 年,我国劳动报酬占 GDP 的比重从 53% 下降到 39.74%。面对这一情况,蔡继明等学者在 2011 年建议提高我国最低工资标准,并加快城市化进程。"只有实现公平的经济增长,使全体社会成员平等地参与经济发展、分享经济发展成果,我们的改革开放才能得到人民的拥护,共同富裕的理想才能成为现实,和谐社会的构建才能有坚实的基础,以人为本、执政为民的理念才能真正体现,国家昌盛、民族振兴才有希望。"

对于个税改革,民众的参与热情非常高。蔡继明告诉记者,此次修改个税法向社会征集意见和建议,最后收到了 13 万多条反馈。

"这些意见和建议全国人大常委会都看到了,很多委员也提出了自己的看法。不同阶层和社会群体有各自的诉求重点,不同地区也有不同的情况，一人一标准、一事一标准肯定是不现实的，那样征税成本太高，也无法执行。"蔡继明认为，个税改革的大方向是正确的，具体的措施则是兼顾各方诉求的结果，并非某一个人、某一个群体的主张。

"改革是一个渐进的过程，不要追求毕其功于一役。立法、修法不可能一步到位，也不可能让所有人都满意，我们只能在不断调整、优化的过程中，实现公平和效率的统一。"

"明星收入的最大问题是偷税漏税"

2018年，个税在我国税收收入里的占比不到10%。蔡继明告诉记者，2018年1—8月，个税占整个税收的比重为8.56%，而欧美发达国家的个税占比通常为40%左右。他认为，个税将来还有提高的空间。

"未来应逐步提高个税所占比重，但这不等于增加普通劳动者的负担。高收入阶层，尤其是非劳动收入应该承担更大的纳税份额。"蔡继明说。

近年来，明星天价片酬时有曝光，引发了巨大的社会争议。不可否认，这些收入也属于劳动收入，但与一般意义上的工资、薪酬不可同日而语。

蔡继明表示，大部分明星仍属劳动者，他们的主要问题在于偷税漏税的情况太多。"应该说，绝大部分明星的收入达到了45%的税率级别，如果严格按照法律规定征税，其实是合理的。假如大众觉得45%的税率还低，未来还可以再讨论、再提高。但偷税漏税就是违法行为了,严重影响社会公平。"

换句话说,明星报酬属于国民收入的初次分配,纳税则是二次分配。初次分配要保证的不是收入均等,而是机会均等,即让每个人都有成为明星、成为企业家的机会。二次分配则要保障社会公平。

"明星也好,企业家也好,之所以获得这么高的收入,与行业制度、社会环境对他们的支持有很大关系。他们享受财富的同时也占用了更多的社会资源,包括比普通人更多的房子、汽车,所以他们理应为社会多做回报。"

相对于高收入群体一人享有几套房子的情况,中低收入群体则往往是一家人共住一套房子。在一些西方国家,缴纳个税的不是个人,而是整个家庭,征收标准根据家庭人均收入决定。

"在这种情况下,如果你家两口人,你的月工资是1万元,配偶无工作,那么人均收入就是5000元;如果你家老少三代,而且你能证明老人和孩子都由你来养活,那么平均算下来,你可能属于低收入阶层,政府还要给你补贴。"

以家庭为计征单位的讨论更为复杂,此次修法并未涉及。事实上,发达国家在实际执行中也存在着过犹不及和化简为繁的弊病。如何在中国国情下做到取舍和平衡,是一道颇具挑战性的题目。蔡继明认为,这是我国个税改革未来的进步空间。

改革开放40年,从个税制度的发展变化中能看出一些总体趋势。"一是免征额不断提高,二是由分类计征向综合计征转变,三是税收调整走向法律化。过去国务院发布的几个条例,现在都已经是法律了。"蔡继明说。

2018年，我国税收仍以间接税为主、直接税为辅。蔡继明认为，将来应扩大直接税的占比。"直接税是一目了然的，很难转移。间接税则不同，有些本该由经营者缴纳的税，实际上转移给了消费者。总之，如何让国民收入分配更加合理，让高收入阶层承担其应尽的社会责任，这与国家的政策导向有直接关系。个税改革仍然任重道远。"

（文／尹洁　陈霖）

"中国怎么想"影响世界

林毅夫：中国高质量发展有两大优势

"京巴狗和藏獒小时候的个头儿差不多，而且看起来也很像，但如果你养的是京巴，不管你多努力，都不可能把它养成一条大藏獒，但是，如果你把藏獒当作京巴来养，只喂食京巴的食物量，藏獒也可能长得像京巴那么大。所以，看准潜力非常重要。"

在讲到不同国家或地区的发展潜力时，林毅夫时常引用这个调侃性的比喻。从 1978 年到 2020 年，中国经济年均增长率为 9.2%，人类历史上从未有其他国家或地区，在如此长的时间里维持如此高的增速。但西方唱衰中国的论调也从未停止过，几乎每年都以不同的理由出现，有一种说法是"中国没多少发展潜力了"。

"有人说中国过去 40 多年发展太快，是非常态，终归要向常态增长回归；有人说中国人口老龄化会影响经济增速。他们认为我们会像德国、日本一样，按购买力平价计算，在人均 GDP 达到 1.4 万美元后，GDP 增速就会显著下滑，甚至只有 3%—4%。"林毅夫说。作为全国政协常委、经济委员会副主任，他认为这些研究看似有说服力，其实并非如此。

不要低估中国的增长潜力

全国政协十三届五次会议上，林毅夫在接受视频采访时表示，中国要实现高质量发展，就要不断创新，不断调整产业技术，在这个过程中，必须遵循比较优势的原则。他认为，中国现在具有两方面的优势。一个是后来者优势。中国的收入水平已经非常接近高收入国家的门槛，但与欧美高收入国家还有相当大的差距，差距就代表潜力，就有很多引进、消化、吸收、再创新的机会，这样创新成本相对低，风险相对小。

另一个是换道超车优势。在以人力资本投入为主、研发周期短的新经济方面，中国和发达国家站在同一条起跑线上，并且拥有人力资本多、国内市场大、全世界配套最齐全的产业，具有其他国家没有的优势，中国独角兽企业的数量近年来一直位居世界一二名就是例证。

"未来，在推动技术创新、产业升级、结构转型方面，我们要利用好上面这两个优势。在创新的同时兼顾协调、绿色、开放、共享，就可以实现高质量发展。"林毅夫说。

数据显示，过去100多年，发达国家的经济常态增速是每年3%—3.5%，远低于中国和其他发展好的发展中国家。林毅夫表示，这是由于发达国家的技术与产业处于世界顶端，这就意味着其技术创新和产业升级必须靠自己研发，投资非常大，风险非常高，取得突破的速度相对缓慢。发展中国家如果懂得利用后来者优势，则能以更低的成本和更小的风险推进技术创新和产业升级，取得比发达国家更快的发展速度。

"因此，中国的发展潜力不能仅看现在的收入水平有多高，而要看我们目前与发达国家之间的产业、技术差距还有多大，尤其是与美国的差距。"林毅夫说。

按购买力平价计算，1971年，德国人均GDP达到1.4万美元，是美国同期水平的72.4%；1975年，日本人均GDP达到1.4万美元，是美国同期水平的69.7%；2019年，中国人均GDP达到1.4万美元，只有美国同期水平的22.6%。相比之下，德国人均GDP达到美国的22.6%是在1946年，日本是在1956年，韩国是在1985年。1946—1962年，德国经济的平均增速是9.4%；1956—1972年，日本经济的平均增速是9.6%；1985—2001年，韩国在遭受亚洲金融危机、出现一年负增长的情况下，经济平均增速仍高达9.0%。

林毅夫表示，仅从这些历史数据看，从2019年算起，中国在之后的16年中应该会有大约9%的增长潜力。当然，德、日、韩当时没有出现我国现在的人口老龄化。人口老龄化最大的影响是人口和劳动力不增长，德、日、韩在上述期间人口增长率分别为0.8%、1.0%、0.9%，由劳动生产率提高所带来的年均经济增长率分别为8.6%、8.6%、8.1%。

"所以，即使考虑到人口老龄化的问题，在2035年之前，我国应该仍然有8%的年均增长潜力。另外，对于人口老龄化所带来的劳动力问题，可以通过适当延迟退休年龄、提高劳动者教育水平和技能来给予缓解。"林毅夫说，"在8%的增长潜力基础上，考虑到未来必须解决环境、城乡差距、'卡脖子'等问题，实现高质量发展，我认为中国未来15年实现年均6%左右的实际增长是完全可能的。"按照这个预测，中国将在2025年之前成为高收入国家。目前高收入国家的人口数量只占全球总人口的16%，如果中国跻身其中，高收入国家的人口占比会增加一倍以上。

市场预期的强弱是我们能掌握的

在林毅夫看来，发展中国家对于自己的经济发展道路、制度模式应该有更多自信，在学习和借鉴的基础上，要找到最适合本国国情的路径，而不是亦步亦趋地照搬发达国家模式。

"发展中国家大多曾是殖民地、半殖民地，普遍觉得学会发达国家的模式就可以富强，结果往往和预期差距很大。'二战'以后，没有一个发展中国家是靠照搬发达国家的理论或经验而成功的。中国经济崛起的方式则非常务实，先看自己有什么条件和优势，能做什么产业就做什么产业，而不是看西方什么强做什么，反而实现了从低端一步步升级。这就是思路决定出路。"林毅夫说。

中国的崛起也改变了世界经济乃至政治格局。林毅夫常举的一个例子与历史有关。

1900年，世界最强大的8个工业化国家组成八国联军入侵中国，当时它们的GDP之和（按购买力平价计算）占世界总量的50.4%。到了2000年，世界上仍然存在一个八国集团（G8），其GDP总和占世界的47%。也就是说，过了整整100年，世界最强的8个工业化国家的GDP比重仅仅下降了3.4%。发展中国家经历了三四代人，付出了巨大努力，但并没有改变自己的经济地位。

然而到了2018年，八国集团的GDP占全世界的比重已经下滑到34.7%，世界事务的主导力量也从八国集团变成了二十国集团（G20）。

按购买力平价计算，中国的GDP在2014年超过美国，成为世界第一。美国对失去世界老大地位的焦虑，造成了中美之间的紧张局面，也给世界带来了很多不确定性。新冠疫情肆虐全球，则进一步加剧了中美实力的变化。

《环球人物》：您认为中国经济2022年遇到了哪些主要困难？

林毅夫：中央经济工作会议已经讲得很清楚，中国经济面临三重压力：需求收缩、供给冲击、预期转弱。我觉得其中最大的困难是在预期上面。需求收缩有相当大的外部因素我们控制不了，供给冲击与新冠疫情有关，也有很多我们控制不了的因素，但市场预期的强弱是我们自己能掌握的。

中国经济还有相当大的增长空间，不管是技术创新还是产业升级，发展空间都非常大。同时，中国的储蓄率占GDP的45%左右，政府负债率从全世界来看也是比较低的，所以我们的投资资源还是相当充足的。只要市场有信心，投资就会增加，新的就业机会就能被创造出来，经济就能增长，家庭收入就会提高，消费也会随之增加。所以最关键的还是疫情管控，市场有了信心，再利用好资源和投资机会，稳增长的目标就能够实现。

《环球人物》：随着新冠疫情的发展，全球经济格局发生了什么变化？

林毅夫：新冠疫情暴发以后，我国在世界的经济地位进一步上升，2019 年，中国 GDP 总量是美国的 67%，2020 年达到 70%，2021 年增加到 77%，从中可以看出中美经济差距的缩小速度。

按比较优势发展，有利于共同富裕

《环球人物》：您认为世界经济的中心正在转向亚洲吗？

林毅夫：这非常明显。按市场汇率计算，中国是世界第二大经济体，按购买力平价计算已经是第一。日本是世界第三大经济体，韩国也排在全球前十名。印度虽然是发展中国家，但人口多，所以经济体量很大。工业革命后，世界经济的中心本来在欧洲，后来转移到美国，现在又转移到亚洲。

《环球人物》：美国近年来想了很多办法遏制中国发展，在它拥有科技、金融等优势的前提下，为什么做不到？

林毅夫：美国作为世界的唯一超霸，利用其在政治、经济、军事、科技等方面的优势限制中国的发展，以维持它的霸权，但这样做是杀敌一千自损八百。高科技产品需要大量研发投入才能取得技术突破，之后能获得多大的利润，取决于它有多大的市场。

中国是世界最大的市场，美国很多高科技企业如果把产品卖给中国，就会有高盈利，如果不卖就变成低盈利，甚至不盈利。高科技产品更新换代的速度非常快，一旦盈利不高，投资力度就会不足，很快失去领先地位。

所以，大部分美国企业是愿意和中国做生意的。尤其是那些高科技企业的产品，不仅美国有，欧洲、日本等发达国家也有。美国可能为了维持霸权，禁止本国企业把产品卖给中国，但其他国家的企业正好可以顶替美国企业所占有的市场份额。

此外，对于少数只有美国才有的"卡脖子"技术，中国也开始以新型举国体制来研发了，比如光刻机。从过去的经验看，一种产品只要中国自主研发成功、能生产，其价格必定大幅下降。

因此，美国很可能是搬起石头砸自己的脚。只要我们保持定力，分析清楚自身优势在什么地方、不足在什么地方，哪些技术可以利用国际市场，哪些必须由我们自己掌握，集中力量打歼灭战，最终必定是"两岸猿声啼不住，轻舟已过万重山"。

《环球人物》：中国下一步的目标是实现共同富裕，对于经济水平不同的地区，如何制定适合当地情况的政策？

林毅夫：共同富裕是非常美好的理想。我们希望把饼做得越来越大，也希望把饼分得越来越公平，这是人类追求的目标。至于如何实现，关键在于要按照各个地方的比较优势来发展，这样在第一次收入分配的时候，就能达到公平和效率的统一。

对于经济相对落后的地区来说，早期通常要发展劳动力密集型产业，多创造就业机会，提高劳动者的收入水平。随着经济的发展，劳动力会从相对丰富变成相对短缺，资本则从相对短缺变成相对丰富，工资的上涨速度就非常快。众所周知，有钱人很大一部分收入来自资本，穷人的大部分收入来自劳动力，如果工资上涨速度非常快，更有利于低收入者。

如果第一次收入分配能实现公平和效率的统一，经济发展得就快，政府财政收入就多，发展的产业符合比较优势，企业就会有自生能力，也不需要靠政府补贴来生存，那么第二次收入分配就会做得比较好，可以发展教育，也可以更好地照顾鳏寡孤独和失业人群。在此基础上，如果能给做社会公益的企业提供税收激励，也有利于第三次收入分配。所以，要实现共同富裕，最好是按照比较优势来发展，一次分配实现公平和效率的统一，同时用税收政策进行二次分配及鼓励先富群体做社会公益的三次分配，共同富裕在全国各地就都能实现。

1988年是他的分水岭

1988年是林毅夫的分水岭。之前他信仰西方经济学，之后他开始从中国实际出发解决问题。

无论哪个领域的翘楚，在其一生中，大抵总要经历几次里程碑式的转折。就像经济学家林毅夫改过两次名字，每一次都在他的人生节点上。

第一次，他把本名林正义改为林正谊。那是20世纪70年代初，林毅夫还是一个"狂热的国家主义者"，为蒋介石政权失去联合国席位而怒不可遏，从人人艳羡的台湾大学退学，转到军校当兵。第二次，他把林正谊改为林毅夫。那是20世纪80年代初，他从金门游到大陆，几经辗转，成为北京大学经济系的硕士研究生。但在林毅夫自己看来，对他的思想和学术生涯影响最大的节点并非上面两个,而是更晚一些的 1988 年。

1988 年是林毅夫从美国获得博士学位归国的第二年,是他踌躇满志、决心将西方经济理论付诸中国实际的一年,也是他第一次真正深刻了解何为"国情"的一年。

在此之前,林毅夫将国家富强、民族复兴的希望寄托在"师夷长技"上。这是自鸦片战争 100 多年来,一代又一代中国知识分子不断探求的道路。出国时,林毅夫抱着"西天取经"的想法。他所就读的芝加哥大学被认为是现代经济学的最高殿堂,林毅夫特地带去一幅唐玄奘西天取经的拓片,悬挂在寝室里以自勉。1987 年回国时,林毅夫信心满满,认为已经学到世界最先进的理论,足以改造中国经济,现实却给了他狠狠一击。

1988 年,中国出现了 18.5% 的通货膨胀率,按芝加哥大学的理论,林毅夫认为应该提高银行利率,增加投资成本,让人们更愿意储蓄而不是投资和消费,社会总需求减少,通货膨胀率就会降下来。

然而,中国政府当时采取的是行政手段,用砍投资、砍项目的方式减少需求,看起来是一种"不理性、愚笨"的方式,却引发了林毅夫的深刻思考:"从 1978 年到 1987 年,中国平均经济增长速度是 9.9%。能维持这样高的增长速度,决策者一定是很理性的,那为什么要用行政干预的方式,而不靠市场手段来治理通货膨胀?"

经过仔细了解,林毅夫才知道是因为大型国有企业都在资本密集的行业里,如果把利率提高,大型国企就会有严重的亏损。政府只能给予财政补贴,导致财政赤字增加,于是就要增发货币,结果还是通货膨胀。

林毅夫这才意识到，西方用提高利率来治理通胀的目的，就是让那些经营不善的企业在市场竞争中被淘汰掉，以此提高经济效率、恢复市场均衡。但中国的情况不一样，采取的措施当然也不一样。

1988年对林毅夫来讲是一个分水岭，他从一个笃信"西天取经"的知识分子变成了一个根据国情来研究中国问题的人。他告诫自己必须把现有理论抛开，研究中国经济现象背后的限制条件是什么，决策者的目标是什么，然后考虑采取怎样的措施。

齐白石有句名言：学我者生，似我者死。百年来，世界上多少人、多少政府、多少民族都在"学"与"似"之间徘徊，从跟随到引领者寥寥，从引领到开创者几无先例。然而所谓大国之魄力，必然敢在满目从众者中坚定自己的信念与意志，借鉴而非照搬，直到走出一条属于自己的道路。

走过5000年而薪火不灭的中国在某种意义上是"独一无二"的。面对这种特殊性，作为芝加哥经济学派嫡传弟子的林毅夫，最终没有选择该学派的自由市场理论，尤其是在中国国企改革方面。

按西方理论，国有企业改革的核心在于打破国有制度，因此一些经济学者推崇私有化改革方案。林毅夫则认为，产权是否私有与企业自身能力并无必然关系，私有化不能解决根本问题，问题的关键在于市场是否透明有效。因此，他一直强调在市场的基础上发挥政府作用，在他看来，对于发展中国家而言，政府干预的重要性不言而喻。

2008年，林毅夫出任世界银行首席经济学家兼资深副行长，当时世界上仍有大约14亿人饿着肚子入睡，撒哈拉以南非洲国家的贫困状况触目惊心。如何缩小它们与发达国家的差距，成为林毅夫在世行思考最多的问题，他在剑桥大学的马歇尔讲座发表演讲说："我认为贫穷并不是发展中国家的命运。"

部分非洲国家的经济现状与中国20世纪80年代初期非常接近：社会相对稳定，劳动力丰富、成本低，政府也相对有效率，发展经济的积极性很高。这些国家要摆脱贫困，可以借鉴中国发展的经验。

2011年8月，时任埃塞俄比亚总理梅莱斯接受林毅夫的建议，亲自来华举办招商活动。两个月后，广东一家企业在埃塞俄比亚设立代表处，两条生产线很快建立起来，机器、设备、主要原材料从中国进口，而600名工人都是当地的。2012年10月，工厂开始赢利，年底已经成为埃塞俄比亚最大的出口企业。以今日"一带一路"的眼光来看，林毅夫此举是一次基于国情而有前瞻性的行动。一个好的经济学家，是能预判发展趋势的。

在外界看来，对于中国和中国经济，林毅夫一直是坚定的乐观派，他自己却说："我不是乐观派，而是客观派，但大家都悲观，客观就变成乐观了。"在他眼中，中国在21世纪的崛起、中华民族的复兴不是被感情所左右的文字表述，而是一种客观存在的历史必然。这正是他多年前游过海峡的动力。

（文/尹洁）

郑永年：从全球视角看中国发展

世界越乱，中国越要稳

2019年的末尾，一些国家和地区评出了年度汉字，比如开启了令和时代的日本选择的是"令"字。当《环球人物》记者问郑永年想用什么字总结过去一年的世界和中国时，他分别选择了两个截然相反的字——"乱"和"稳"。

"世界是乱的，因为整个局势正在变化，前景如何很难准确判断。相对于世界，中国还是稳的，尤其是在国际旧秩序难以为继、新秩序尚未形成的情况下，中国保持整体稳定非常重要。"

从1990年赴美国普林斯顿大学留学，1995年到哈佛大学做博士后，到2005年赴英国诺丁汉大学任教授，再从2008年至今先后任新加坡国立大学教授、东亚研究所所长，郑永年始终保持着中国国籍，2017年还把户口落到了老家浙江省余姚市郑洋村，他曾经调侃自己是一个

"失地农民"。

郑永年从不讳言自己面对的争议——在一部分人看来，他是保守派；另一部分人则视他为自由派。在"逢中必反"的人眼里，他毫无疑问是坚定的中国维护者；在狂热的爱国主义"小粉红"看来，他的一些观点又成了"替西方说话"。

"世界经常在极左和极右之间摇摆、往复，想保持客观、中立、公正的舆论环境是很难的。"郑永年对记者说。20世纪80年代，他读到德国著名社会学家马克斯·韦伯的一个理论"价值中立"，深受影响。尽管在社会科学研究中，想完全中立几乎不可能，即使没有政治因素也会受文化因素的影响，但郑永年希望自己能尽量做到客观。

他曾经讲过，自己在观察各个国家和地区的政治时，总是尽可能地不加入个人感情。众所周知，海外中国学者用西方自由主义的理念出版著作会更加容易，但郑永年觉得已经有太多西方自由主义学者了，他即使要做"自由派"也是中国式的自由派，用中国的命题，而不是西方的命题研究问题。

郑永年习惯于把中国当下发生的事放进中国历史、东亚历史乃至世界历史中去看，"我希望是实事求是、就事论事的"。至于外界争议，他保持着超脱的心态，但也深知"位置决定想法"是人的本性，所以对于政治"观察，但不参与"。

"美国资本无法放弃中国市场"

2019年12月中旬，在经历了将近两年的贸易摩擦之后，中美双方终于就第一阶段经贸协议文本达成一致。但之前美方的多次反复，令市场并未完全放心——美国是否会再次出尔反尔？更有一些国际关系学者认为，美国对中国的遏制和打压早已超出贸易范畴，经贸协议签署与否也许"不再那么重要"。

郑永年反对这种观点。他对记者引用了美国前国务卿基辛格博士的警告，"美中两国已经走到冷战的山脚下""美中一旦发生冲突（热战），将比摧毁了欧洲文明的两次世界大战更糟糕"。全球最大的两个经济体，尤其是中国，肩负着维护世界和平的重要责任。

"中美保持和平关系对世界格局是有利的，对世界经济也是有利的。所以我一直主张，无论怎样也要跟美国签成一个协议。现在不是闹情绪的时候，达成了第一阶段的共识，接下来边吵边谈都没问题，但一定要继续谈下去。"

郑永年表示，目前世界混乱的一个重要原因就是未来的不确定性太大，导致大家缺乏信心。每次中美谈判一有突破，全球资本市场就跟着上涨，反之就下跌，足以说明中美和睦的正面作用。

至于部分美方人士所希望的美中彻底脱钩，郑永年更是不以为然："美国不是铁板一块。美国建制派和军方或许想脱钩，但华尔街不想。华尔街之所以支持向中国施压，是希望中国更大程度地开放，让他们赚钱。只要美国还是一个资本主义国家，只要中国保持开放，中美就不可能完全脱钩。"

资本的本性是在流动过程中增值。在中国即将成为全球最大的消费市场、中产人群还在迅速扩大的前提下，郑永年认为美国资本无法放弃中国市场。即使美国放弃了，日本也不会放弃，欧盟很多国家也不会放弃，这对美国来说能接受吗？由于中国本身是开放的，美国不可能像美苏"冷战"期间那样形成一个西方集团,集体不跟中国做生意。

不过,尽管绝对脱钩不可能,相对脱钩却难以避免。郑永年认为在某些领域,中美之间的依存度会减弱,但这并非坏事。过去很多中国人幻想能一直依靠美国的技术,没有危机感,现在相对脱钩一点,才会激发自主研发的意识,做出真正属于中国人的东西来。

郑永年对记者预测,未来的世界会有两个体系、两个市场:一个以美国为中心,另一个以中国为中心;一部分国家和地区主要跟美国做生意,另一部分主要跟中国做生意,还有一些两边都做,同时中美之间也不会断绝合作。

"三层资本一定要平衡"

在中美关系发生变化的情况下,中国一直在强调"做好自己的事",全面深化改革的力度不断加大,而且从经济领域逐渐延伸到社会、政治领域。

郑永年曾撰文,认为中国的改革应该分成三步走,先进行经济改革,再进行社会改革、政治改革。"一个国家崛起,要看它有没有一套新的制度体系出现,不仅是 GDP 高了、高楼大厦多了,更需要建立一个宏观的治理体系,中国现在就到了这个阶段。"

改革不是谋求个人利益、部门利益、集团利益的手段,而是要让中国社会的绝大多数人有获得感。大众最关心的三个领域——住房、医疗、教育,不仅是经济问题,更是民生问题、社会保障问题。

"如果越改革,公共产品的价格越高,那还是改革者的初心吗?你是要追求自己的部门利益、地方利益，还是要促进整个社会、整个国家的利益？一定要预防那些以改革为名义，追求小团体利益的做法。"

国企改革是一个老生常谈的话题，而今天的民企也同样面临着改革问题。2019年，引发社会强烈讨论的"996工作制"就是一个典型例子。民企为中国经济发展做出了很大贡献，也需要一个更加公平、透明的竞争环境，但这并不是说民营企业不需要改革。

"民企的'家法'不能违反国法。资本是贪婪的，如果国家不去规范、管制，必然出现问题。比如在IT领域，一些民企处于垄断地位，这符合国家利益吗？如果企业强迫员工超负荷加班，有关部门是不是应该发声？民企固然有艰难之处，但该改的地方都要改。"

郑永年喜欢从历史中寻找当下问题的答案。他对记者表示，民营资本在中国历史上一直存在，而且始终有存在的意义。"中国几千年来有三层资本：国有、国有和民营混合、民营。近代洋务运动的官办企业就类似国有企业，官督商办和官商合办是混合制，还有纯商办。"这三层资本各有分工，在不同领域发挥作用，但必须保持平衡。

"历史上，凡是只要国有资本不要民营资本，或者反过来，只要民营资本不要国有资本的朝代，中国都会发生大的危机，无论是王莽新政还是王安石变法，而凡是社会稳定、发展繁荣的时期，这三层资本一定是平衡的。"郑永年说，"现在的中国，一些人观点极右，一些人观点极左。有人说应全盘私有化，不要国企了；有人说民营企业完成了历史使命，可以退出历史舞台了。我认为无论哪一种方案，都会引发重大危机。三层资本不是谁消灭谁的问题，而是如何界定、如何规范的问题。只要三层资本是平衡的，社会就绝对不会乱。"

"我们还远没到那么骄傲的时候"

2020年，中国将全面建成小康社会。为了实现这个目标，全国上下都在撸起袖子加油干。

郑永年说，精准扶贫虽然能够消灭绝对贫困，但要消灭相对贫困依然任重道远。中国人民对美好生活的向往是实实在在的，除了进一步提高国民收入之外，人们也希望在教育、医疗、养老等领域得到更健全、更成熟的社会保障。

根据国际货币基金组织（IMF）公布的数据，2018年，中国内地人均GDP是9608美元，而香港特别行政区是4.87万美元。"我们要看到自己的成绩，但还远没到那么骄傲的时候，还要继续努力。2020年之后，到2035年怎么走，到2050年怎么走？保持理性非常重要。"尤其是在目前的阶段，美国正处于焦虑乃至恐惧中，想把中国打回贫困时代，中国更需要保持理性。

"如果中美两国都保持理性，世界就是和平的，如果双方都不理性，必然陷入修昔底德陷阱。"郑永年说。当美国努力遏制中国的时候，中国反而要更加开放包容。

"比如加强知识产权保护，华为这样的企业需不需要保护专利技术？当然需要，那么保护知识产权就是符合中国利益的。还有政府补贴问题，早期我们要扶持民族工业，现在它们成长起来了，应该鼓励它们依靠自身竞争力迈向国际市场。所以说改革也好，开放也好，都是为了我们自己更好地发展。"

郑永年曾提出要警惕"明朝陷阱"——由于自我封闭，明朝尚未真正崛起便已衰落。"中国需要开放的环境,因为发展不仅要看总量,更要看质量。只要14亿人踏踏实实地做事,举国体制就是最好的体制。"

"西方别再给中国算命了"

两年半之前,世界尚未遭到新冠疫情袭击,《环球人物》记者在北京一家书店里采访了郑永年。说到那一年的世界局势,他用了一个"乱"字。

那一年的世界就像一锅快要煮沸的粥,正在四处冒泡——美国总统特朗普忙于应付民主党发起的弹劾,英国新任首相约翰逊开足马力向着脱欧目标狂奔,法国总统马克龙疲于应对黄马甲运动……

两年半之后的2022年,世界被新冠疫情折腾了几轮,那锅沸腾的粥似乎降了一点温,但锅底的火并未熄灭。《环球人物》记者再次采访郑永年,他已经从新加坡回到中国深圳定居。说起过去10年间中国的变化,他依然用一种全球性的视角加以分析,这种视角往往不同于中外学者,而是带着特有的郑氏烙印。

内政:"政治层面的进步很关键"

谈到中国的发展,大多数学者习惯于聚焦经济,郑永年则是少数将经济、社会与政治制度联系起来分析的学者。在他看来,中国在经济、社会方面的巨大变化可以通过量化指标直观反映,而政治领域的变化,数据性或许没有那么强,却是核心,很关键。

根据国家发展改革委公布的数据,中国的经济总量由2012年的

53.9万亿元上升到2021年的114.4万亿元,在世界经济中的占比从11.3%上升到超过18%,人均GDP从6300美元上升到超过1.2万美元。

过去10年,中国的绝对贫困人口得到了历史性解决,9899万名农村贫困人口全部脱贫,"一个都不掉队"成为实现全面小康的标志性成就;城镇居民人均可支配收入超过3.5万元,比2012年增长近八成。

此外,中国的公共服务、社会保障在10年间也有了全方位的进步:学前教育毛入学率从64.5%提升至88.1%,高等教育进入了普及化阶段;人均预期寿命从73.5岁提高到77.9岁,位居中高收入国家前列;基本养老保险参保人数由7.9亿增加到10.3亿,基本医疗保险的参保人数由5.4亿增加到13.6亿。

"对于中国而言,实现这些指标中的任何一个,在我看来都是世界经济史和社会史上的奇迹。"郑永年说。同时,他强调在这些成绩的背后还有一个更为重要的因素,就是中国政治体制的进步。

"不少西方学者认为,中国的发展模式只是经济层面的改革而没有政治层面的改革。但我认为中国的政治改革更为重要,而且是10年来一个关键性的变化。"郑永年坦言,英美的政治制度曾被很多国家和地区视为"民主灯塔",但中国的崛起和发展成就让越来越多的人重新思考民主的真正含义。

"美国最高法院做出4项重要判决,不仅在美国社会引起轰动,也搅动了世界舆论。一是允许更多人在公共场合合法持枪;二是取消宪法对女性堕胎权的保护;三是允许公共资金资助包括教会学校在内的宗教机构;四是限制联邦政府削减发电站温室气体排放的权利。舆论普遍认为这是美国社会的倒退。人们不禁要问:这是民主吗?是在维护民众权益吗？"郑永年说。

相比之下，中国始终坚持人民至上，制定法律法规和解决公共问题都会广泛征集民意。一个典型例子是浙江台州温岭市，在各镇人代会召开之前，当地的人大代表和民众代表分成经济发展、村镇建设、社会事业等多个小组，初审政府预算草案，提出修改意见；会后成立常设人大财经监督小组，协助监督预算执行并参与来年的预算编制。

这就是中国所说的全过程人民民主。10年来，中国一直在努力利用新兴信息技术改善民意回应。根据2022年的统计，全国31个省区市全部开展人民网网民留言办理工作，其中28个省区市出台留言办理工作制度化文件，进一步推进全过程人民民主在这一数字平台的制度建设。

事实胜于雄辩。无论西方如何利用其话语霸权，挥舞"民主""人权"的大旗和大棒，美国10年来挑起的战争、对新冠疫情的应对，西方世界对俄乌冲突的反应，以及由此带来的对俄经济制裁、本国物价飞涨、全球能源危机，都与中国的稳步发展形成了鲜明对比。

"近年来，美国试图与中国经济'脱钩'，搞贸易保护主义，打压中国科技产业，加上疫情等原因，中国经济承受了很大的压力，但也展现出强劲的韧性，这与政治制度的优势是密不可分的。所以我认为，中国的困难是暂时的，是调整时期的困难，而西方的困难则是结构性的、制度性的，两者有本质不同。"郑永年说。

外交："国际秩序的维护者和改革者"

2013年9月和10月，中国国家主席习近平分别提出共同建设"丝绸之路经济带"与"21世纪海上丝绸之路"("一带一路")的合作倡议。依靠中国与有关国家既有的双多边机制,借助既有的、行之有效的区域合作平台,"一带一路"旨在借用古代丝绸之路的历史符号,高举和平发展的旗帜,积极发展与沿线国家的经济合作伙伴关系,共同打造政治互信、经济融合、文化包容的利益共同体、命运共同体和责任共同体。

截至2022年,中国已与149个国家、32个国际组织签署200多份共建"一带一路"合作文件,硕果累累:中老铁路、雅万高铁等一大批项目扎实推进;贸易和投资自由化、便利化程度提升,境外投资存量从不足6000亿美元增至超过2.6万亿美元;积极参与全球经济治理,为构建人类命运共同体贡献了中国智慧和中国力量。

"'二战'结束以来的国际秩序,是由以美国为首的西方国家主导的,现在这种格局因为中国的崛起、中华民族的复兴而正在发生变化。中国人越来越自信、越来越有底气,于是一些西方人把中国的外交称为'战狼外交',但事实并非如此。"郑永年说。

在他看来,中国、印度、巴西等国家已经发展起来了,但目前的国际秩序并没有充分体现这些发展中国家的利益和声音,"中国是国际秩序的坚定维护者,我们所做的不是要推翻现有的国际秩序,而是要改革它"。

郑永年认为,世界需要一个更加民主、公正的国际秩序,而不是由一个国家或国家利益集团主导的霸权体系。美国以己度人,将中国看成取代其霸权地位的威胁,完全是一种妖魔化的做法。

"10年来,中国在国际体系里所努力实现的目标,就是有事大家商量着办,而不是某一个国家把自己的意志强加给整个国际社会。"在郑永年看来,美国所推崇的"多边主义"实质是拉帮结伙,针对的是与其意识形态不同的第三国。最近几年,美国甚至连"盟友"都不顾,搞起了单边主义。

中国倡导的多边主义则是开放的、包容的,不针对任何第三国,目的是解决大家所共同面临的问题。

亚投行就是一个例子。这是首个由中国倡议设立的多边金融机构,重点支持基础设施建设,成立宗旨是促进亚洲区域的建设互联互通化和经济一体化的进程,并加强中国及其他亚洲国家和地区的合作。2014年10月,包括中国、印度、新加坡在内的21个首批意向创始成员国的财长和授权代表,在北京正式签署《筹建亚投行备忘录》;2015年12月,亚投行正式成立;截至2021年10月,亚投行共有104个成员国。

"美国、日本一直反对亚投行,但直到今天,亚投行的大门都是向它们敞开的。中国近代以来一直是帝国主义、霸权主义的受害者,推己及人,我们希望世界更加平等、包容。"郑永年说。

2014年,马来西亚前总理马哈蒂尔说过这样一段话:"差不多两千年前我们和中国就有交往,但中国从来没有侵略过我们。相比之下,1509年我们才和欧洲开始交往,但是两年之后,他们就占领了我们。中国没有这种侵略政策,所以我们很愿意与中国相处,我也相信中国会延续我们之间的友谊。"

郑永年在新加坡工作生活多年,在他看来,东南亚国家的人民心中是有一杆秤的。"一带一路"究竟是西方所说的"新殖民主义",还是有利于亚洲地区共同发展，东盟看得很清楚。

这种情况也适用于中国与非洲的关系。郑永年经常对西方学术界同行说："比较一下，你们的国家对非洲做过什么，黑奴贸易、掠夺资源、侵占市场；中国在非洲做什么，修建铁路、公路、医院、学校、体育馆，这些都是民生工程。如果美国真能拿出其总统拜登承诺的6000亿美元，在发展中国家投资基础设施、推动当地经济发展，我们不反对。中国没有私心，也不怕竞争。"

正因如此，尽管西方想方设法阻挠，中国与东南亚、非洲等地区的合作项目推进得还是比较顺利。美国为了对抗中国，试图分化东盟，但与10年前相比越来越难了。2022年6月，印度尼西亚防长普拉博沃在香格里拉对话会上表示，印度尼西亚主张以"亚洲方式"来化解争端，就是最好的例证。

话语权："中国怎么想"正在影响世界

作为高校学者，郑永年接触的年轻人较多。10年来，他感到国内外的舆论环境发生了明显的变化。"不仅中国的年轻人对国家的认同感增强了，其他国家和地区的年轻人也对中国有了更加客观的认识。过去的10年，仍然是全球化的10年，正因为中国人看到了整个世界，才站在世界的角度更全面而深刻地认识了自己的国家。"

郑永年也是全球化的受益者：1981年，他从浙江余姚考入北京大学国际政治系，1990年赴美国留学，2005年至今先后在英国诺丁汉大学、新加坡国立大学、香港中文大学（深圳）任教，2017年又把户口落回了老家余姚市郑洋村，因为"对乡村振兴有信心"。

人们在真正认识西方之后，必然重新认识中国。郑永年希望，中国新一代的年轻人能够建立自己的知识体系，它应该是以中国的实践经验为基础的。"一个国家的崛起不仅是经济的崛起，也是制度的崛起、思想的崛起。西方一直鼓吹'中国威胁论''中国崩溃论'，在我看来都是'算命学'，还总是预测不准。现在中国成了世界第二大经济体，西方的毛病还是没改。"

郑永年认为，从古希腊亚里士多德时期，西方就开始看东方，但直到今天，他们始终把东方视作一种和自己不同的、对立的存在。这就导致西方经常用两分法来看待东西方的制度差别，比如"野蛮与文明""民主与专制""自由与奴役""保守与开放"等。加上近代以来的历史因素，西方总是把自己视为先进的代表，把他们想象中的东方看成对立面，而且是落后的。

"事实上，绝对的民主和专制都不存在。西方国家实际上是用资本权力掩盖了社会权力。归根到底，这是方法论的问题。如果西方不能跳出两分法，不能跳出自己那一套标准和思维模式，是很难真正理解中国的。"

比西方怎么看待中国更重要的是，中国能否将真理的话语权掌握在自己手中。在百年变局和世纪疫情叠加的国际动荡变革期，国际话语权已然成为大国博弈和较量的重要焦点，反映的是一个国家在国际社会权力结构中的地位和影响力。

10年来，中国领导人多次强调要加强国际传播能力建设，提升中国国际话语权，营造有利的外部舆论环境，为推动构建人类命运共同体做出积极贡献。中国开始提出原创话语，极大地冲击了西方长期把持的国际话语解释定义权、议题设置权、争议裁量权。

今天,"一带一路""人类命运共同体""精准扶贫"等体现中国立场、智慧、价值的倡议和理念,已经在全球范围内引起广泛关注与认可。随着中国提出的诸多主张变为现实,研究中国的国际学者越来越多,阅读中国文献与论著的人也越来越多。中国正在从被人刻画转向自我塑造,"中国怎么想"正在影响世界。

"落后就要挨打,贫穷就要挨饿,失语就要挨骂。"中国在解决了"挨打"和"挨饿"的问题后,接下来就是彻底解决"挨骂"的问题。正如郑永年所说:"中国要真正强起来,不仅技术要升级、经济要进一步发展,更重要的是在规则上争取话语权。"

(文/尹洁 周盛楠)

陈志武："中国人应持有更多金融资产"

无论是在公开场合还是私下接受采访，只要一谈到经济问题，陈志武就像打开了话匣子。但过去围绕的往往是一些更具争议性、涉及深化改革的问题，而这一次，他给《环球人物》记者带来了一本常识性的著作《陈志武金融投资课》，从金融的起源讲起，谈的大多是基础概念。

时代变化太快，上一代人的很多经验已经难以应用在今天。而那些经典的、被历史证明不会过时的原则，反而更适用于社会急速转型时期。陈志武说这些就是"金融学通识"，它们如同看不见的手，在生活中影响着每一个人，你的欲望、焦虑在某种程度上是无视它们的结果，而你的满足、平和往往是它们被成功实践的体现。

被金融"解放"的自由

加班问题是近期社会焦点话题之一。在以北上广深为代表的中国都市里，朝九晚九、每周6天的工作模式凸显着中国互联网企业的加班文化，而近期曝出的某企业裁员消息则成了"最后一根稻草"。

对于强迫或变相强迫员工加班的做法，陈志武是持明确反对态度的。他对记者表示："《劳动法》应该更严格地被执行，不能让这么多年轻人失去生活的幸福感。"他认为，今天的中国不仅需要发展速度，更要强调发展质量和普通人的生活品质。

事实上，问题的背后还隐藏着更深层的疑惑。有人把中国的经济奇迹称为"勤劳革命"，因为正是中国人的勤劳与拼搏，才推动中国在几十年里走完了发达国家几百年走过的工业化历程。但是，中国的人均财富与发达国家相比还有很大差距。陈志武多年前就提出一个问题：为什么大多数中国人勤劳却不富有？

"影响因素有很多，但在目前的社会阶段，一个重要原因是在中国人的资产组合中，金融资产占比普遍偏低。"陈志武说。家庭投资结构是金融市场发达程度的一面镜子，金融资产占比低说明中国人过于依靠工资收入，整个社会的金融化程度不高。"由于从传统农业社会走出没多久，很多中国人还没意识到，无论是个人还是家庭，都应该合理运用金融工具，以获得更好的生活。"

规避风险是人类的本能。历史上，中国人为了应对随时可能出现的天灾人祸，制定了一系列社会规则和伦理道德，其中最重要的一项就是"养儿防老"。

在陈志武看来，"父母在，不远游"的本质就是用孝道约束孩子，以确保自己能够在年老时得到生活保障。"这种观念中蕴含着朴素的'跨期投资'理念，这也是今天金融市场的重要原则之一。"

随着金融市场的不断发展,"养儿防老"在当下的中国社会正逐渐淡化其功利价值。父母可以在年轻时购买保险产品,并通过理财等方式为退休后的生活早做打算;孩子们则可以自由地追求"诗和远方",为梦想和事业拼搏。

相比之下,在经济相对落后的印度农村,规避经济风险的手段之一是婚姻。耶鲁大学教授罗森思在一项对印度社会的研究中发现:灾害越多的地区,当地家庭越喜欢将女儿远嫁;越穷的家庭,越喜欢将女儿远嫁。对此,陈志武这样解释:"一般来说,两地距离越远,遭遇同样风险事件的概率越低。在金融市场欠缺的背景下,个人的自由权利会被牺牲,婚姻成为'跨期跨地交易'的信任工具,以达到分摊风险的效果。"

从这个角度看,全球性的结婚率和生育率下降,与经济发展密切相关。数据显示,经济越发达、金融投资越普遍的地区,单身比例越高,人们更注重个人生活品质与婚姻幸福感,为获得物质保障而结婚的比例越低。

"传统的包办婚姻是'养儿防老'的延伸,当金融市场取代了家族的风险保障功能后,社会观念也随之改变,将个人从条条框框的道德约束中解放出来,尤其是女性和年轻人,获得了更多的自由。"

"先投资自己,再投资理财"

进入2019年,惨淡了近一年的中国股市再次活跃起来。随着一系列利好政策的出台以及中美贸易摩擦的缓解，股民的热情被重新点燃，大量外资也持续涌入，沪深两市持续上涨，上证综指也突破了3000点关口。

不过，陈志武认为这一轮上涨是金融政策、货币政策、外汇管制政策等综合影响的结果。"除了中美贸易摩擦缓解之外，还有两个主要原因：一是货币政策更加宽松，使更多资金在经济中流转；二是由于境外投资管控更严，普通投资者只能在国内选择投资产品，而楼市的黄金投资期已经过去，股市就成了大家的新目标。我认为中国经济目前还不能提供长久大牛市的基础。"

在陈志武看来，无论是国有企业还是民营企业，过去10年都存在盲目扩张、低效投资、浪费金融资源等问题，导致企业低回报甚至没有回报，这些问题还需要一定时间加以扭转，企业利润率才能真正得到提升，股市才具备长期繁荣的基础。此外，一些早该摘牌的上市公司仍在股市里滥竽充数，其股价在牛市中反而涨得更多，显然也是不正常的。

"我觉得对于大多数年轻人来说，最重要的投资还是投资自己。"陈志武对记者说，"比如多学一些金融通识课程，了解不同行业的发展趋势。另外，大学毕业生在找工作的时候，要认识到学习机会比工资更重要。年轻时应该获取更多知识，包括通识和专业知识，了解整个行业的运作模式，快速积累和掌握前人的经验。"

陈志武给自己两个女儿的建议是这样的：30岁以前主要投资自己，多学习、多实践；30岁至50岁要把之前积累的人力资本变现为金融资本，做好金融投资；50岁以后的重点是利用金融投资的回报，追求自己喜欢的生活方式，包括继续学习和工作。

在做金融投资时，需要把握几个原则。"分散投资是基本原则；在价格合理的情况下，房产投资是相对比较安全的；不要把太多钱放在股权投资上，对于不熟悉中国资本市场的人来说，风险太大；如果想尝试投资黄金、大宗商品，要以了解金融市场和金融产品为前提。"

"中国人应加强金融通识教育"

陈志武曾经多次提到"理工思维"和"金融思维"的区别。他认为中国金融从业者和管理者很多是理工科背景，非常看重理性思维、重视秩序，因此在管制政策制定方面有时过于严格，反而限制了市场的发展。

"在这种背景下，金融通识教育是非常有必要的。金融有自己的逻辑，干预越多，市场扭曲得越严重。为了未来的发展，我们有必要给高中生、大学生进行金融通识教育。"

在这方面，陈志武认为香港是一个正面例子。由于金融行业在香港的重要作用，当地学生在高中阶段就要学习相关的基础知识。而在上海、深圳这种金融业占比很高的内地一线城市，大部分年轻人还不了解金融市场的基本概念。

"我们希望产业结构转型，希望人民币国际化，希望上海成为国际金融中心……这些愿望都很好，但不从基础工作做起是很难实现的。尤其是人才储备，包括监管者的理念，没有专业化的教育很容易错位。"

在陈志武眼中，中国过去几十年非常重视企业金融，却忽视了个人金融、家庭金融和消费金融，导致市场服务种类不够多、不够细、不够精准。不同投资者的风险偏好不一样，对金融产品的需求各异，相关部门应从广度和深度两方面完善金融市场。

"年轻人适合投资增长前景好的金融产品。他们没有太多资金，但为了成家立业需要更多收入，更愿意持有高收益、高风险的产品，即使亏损了还有很多机会弥补。老年人则相反，适合投资风险低、高分红、高利息的产品。对他们来说，有没有很高的回报率不是最重要的，安全稳定、在保值的前提下适度增值才是目的。"

陈志武相信，如果金融产品能满足中国老百姓各方面的保障需要，中国人"有钱不敢花"的储蓄焦虑将得到极大缓解，届时整个社会的经济增长方式将出现根本转型，经济结构将变得更加合理有序。

"如果金融市场发展得更精准，不同阶层之间的消费差距会缩小，民间消费和第三产业都将得到增长。"陈志武还援引了一个例子：美国工业革命时期，缝纫机对普通家庭来说是大件财产，其高昂的价钱让很多人望而却步，但随着分期付款的出现，缝纫机迅速在美国普及，到20世纪初，吸尘器、电冰箱等新科技成果也通过分期付款的方式进入美国家庭。

陈志武认为，今天的中国与当时的美国社会很相似——经济面临转型，社会增长结构需要调整，从过度依赖工业、制造业和基础设施建设，转向以服务业为主的第三产业。消费将在经济增长中扮演越来越重要的角色，发展消费金融、个人金融和家庭金融是必然趋势。

"传统农耕社会面对的问题是物质短缺，而不是产能过剩。现在这个时代需要的观念与过去是很不一样的,我们要做出很大调整,尤其是对金融的理解。金融不只是企业融资、建设投资融资,更包括消费金融。当然,转变观念需要一些时间,慢慢来。"陈志武说。

（文／尹洁　夏珮珺）

张晓晶：我为国家写账本

老百姓过日子，要知道有多少家底。一个国家要发展，更要精打细算。而张晓晶就是那个给国家记账本的人。2011年，中国社科院经济学部成立国家资产负债表课题小组，张晓晶担任副组长，并于2013年发布了首份"中国资产负债表"。

张晓晶告诉《环球人物》记者："这账本中数据是挺多，一花一草值多少钱都收录在内，但'国家资产负债表'的概念不难理解。每家企业都有资产负债表，一栏记资产，一栏记负债，自己有多少钱，借了多少钱，账目一清二楚。我们也制了这么一张表，记录了整个国家的财富与债务。"

国家这本"账"怎么算

国家资产负债表课题组由十多名专家学者组成，其中还有来自国际货币基金组织的高级经济学家。在课题组成立之前，张晓晶就已关注、研究这个问题。2000年，他从北大念完博士后，进入社科院经济所，一直从事宏观经济研究，也曾为"十一五"和"十二五"规划做过评估。2006年，张晓晶到哈佛大学与美国国家经济研究局访问交流，后来他与一位经济学家合作完成了一篇学术论文，主题就是国家的综合负债。

2007年8月，美国爆发次贷危机，接着演变成国际金融危机。张晓晶说："欧洲几个国家比较典型，希腊、西班牙等国都出现了债务危机，国家差点破产。在美国，危机最初出现在房地产、银行等私人部门，但政府不能坐视不管，于是私人部门的危机还得政府埋单，最后演变成主权债务危机。一时间，国家债务问题凸显出来。这个时候，国际货币基金组织已开始使用国家资产负债表分析方法来研究债务危机。"

这让张晓晶再度关注国家资产负债表，意识到它的重要性。"国家积累了多少财富？借了多少债？一旦发生危机，有没有能力处理？我们都能在资产负债表中找到答案。过去我们谈国家治理和国家能力，讨论的多是税收能力，是流量概念。而资产负债表中的数据更强调存量，反映国家积累财富与偿还债务的能力。"张晓晶说，这张表不仅为应对危机，日常国家治理也得有一本账，哪些数据反映了什么问题，我们该如何调整，才能避免问题扩大化。

中国记这本"账"算是刚起步，而在一些发达国家已有很长的历史。20世纪60年代开始，英美等国就在国民收入方面，进行了国家的资产与负债的统计。现在，美、英、德、日等国资产负债表的编制工作已成体系，并且会定期发布。

张晓晶介绍说，在部门分类方面，我国资产负债表参照全球通用标准，分为五大部门——政府部门、居民部门、非金融企业部门、金融机构部门与对外部门，除了各科目的资产与负债统计，资产负债结构分析也会在报告中体现。"做这张表，我们就像账房里的记账先生。眼皮子底下的东西是不是都要录入，该放入哪个科目，都要考量。"他打比方说，一个酒店的桌子、椅子，甚至花花草草都归其所有，酒店属于非金融企业，这一类将折现纳入非金融企业资产；对于居民而言，最典型的资产是住房；政府资产包括中央政府、地方政府、行政事业单位以及国有企业的资产；金融机构的资产与负债计算的是银行、证券公司等；对外部门资产是外汇储备。当然，其中具体算法也有争议。比如，故宫里的东西该折多少钱？法国卢浮宫、奥赛博物馆以及很多发达经济体，都收藏了大量的古董文物。但在他们的国家资产负债表中，有的古董文物只是象征性计入，比如1美元，因为这些不易变现或者不能变现。"所以，我们在统计时，故宫里价值连城的文物就未计入。"还有争议比较大的是土地价值。这些土地在危机时刻是否都能变现？显然不可能。所以这部分国有资产我们需要谨慎对待。"我们的计量方法是，利用土地上的净产出，以一定的折现率倒推土地的价值，比如计算土地上的农作物。在报告中，我国土地的价值为65.4亿元。"

我们的家底能应对1.5次危机

《环球人物》：中国现在已经是世界第二大经济体，我们到底有多少家底？国家的净资产是多少？

张晓晶：这本账确实很"厚实"。累加居民、政府、金融、非金融企业以及对外部门的所有净资产与负债，就构成了国家总资产。从2007年到2013年，我国国家总资产从284.7万亿元增加到691.3万亿元，年均增长67.8万亿元。

而更能反映家底的是国家净资产，它是国家总资产减掉国家总负债。从总量上看，2013年，我国总的净资产为352.2万亿元。从结构上看，净资产有个鲜明的特点，因为我国公有制为主体的经济结构，国家财富中很大一部分来自国有经济、国有企业，比重占三四成。西方国家是私有制，政府资产极少甚至为负。

《环球人物》：政府掌控的财富比重大，是好事吗？

张晓晶：政府有钱，掌握的资源多，处理危机的能力就强。换句话说，有钱就底气足。不过，大量资源由政府掌控可能会导致效率不足。但这不是说所有国有企业都如此，只是有一些国有企业存在这一问题，所以才会有国有企业改革、提高效率，实行混合所有制的讨论。

《环球人物》：家底厚起来的同时，我们的债务问题是否也跟着来了？

张晓晶：有很多外国专家，喜欢讲中国的债务，说我们有债务风险、债务危机。从政府债务占GDP比重看，2008年后，该指标从40%提高到57.8%，6年里上升了17.8个百分点。不过，很大部分借款用来搞基础设施建设，债务多，但有对应的资产在，不少还是优质资产。更重要的是，我们估算的主权资产（中央政府、地方政府加国企）净值超过 100 万亿元，就是说我们的主权总资产减掉总负债还富余 100 万亿元，而且政府变现能力比较强，可动用的财富有 28.4 万亿元，表明政府有足够的资源应对债务清偿问题。

目前值得担心的是流动性问题，即地方政府家底很厚，但短期内还不能变卖家产来还债，就要靠中央财政的债务置换、银行的贷款周期等缓解短期流动性问题。

在美国，为什么会有地方政府破产？这是因为州的、地方的财政独立于联邦财政，地方财政出问题，自己担责，联邦不管。在中国，中央和地方是绑在一起的，地方出问题，中央一定会管。所以，不用担心会出现地方债的危机。

《环球人物》：所以，这张国家资产负债表告诉我们，危机不会来？

张晓晶：改革开放以来，我们几乎没有真正遭遇过危机。危机似乎离我们很遥远。但谁说社会主义就没有危机，不到事情发生那一刻，我们不会知道压死骆驼的最后一根稻草是什么。有人认为对中国来说，这根稻草可能是美国加息。美国加息，美元升值，资本外流，外汇储备减少，货币的增发渠道随之减少，货币紧缩，然后引发一系列其他问题，导致危机。

有人说，国家有钱，可以救啊。我们做了个实验，假设最坏的情况下，一次金融危机导致 GDP 损失了 30%，我国 352.2 万亿元的净资产可以应对 1.5 次金融危机。

到底要不要杠杆

《环球人物》：国家资产负债表的主题之一是杠杆调整，现在全社会的杠杆率有多高？

张晓晶：所谓杠杆率，是指债务水平占GDP的比重。2014年，我国的杠杆率为217.3%。虽然与一些发达经济体300%—400%的杠杆率相比，中国还不算高。但有两点值得警惕：一个是中国实体经济的杠杆率从2008年的157%上升到2014年的217.3%，这样快速攀升风险很大。另外，中国企业杠杆率为123.1%，差不多是国际上最高的了，这也是当前风险所在。从全球范围看，2008年前，全球杠杆率的上升主要是发达国家导致，但从那以后，全球杠杆率的上升主要归因于发展中国家。这意味着，发展中国家可能成为下一场债务危机的主角。中国作为世界上最大的发展中国家，正处于杠杆率不断提高的过程中，要保持高度警惕。"去杠杆"在所难免。

《环球人物》：具体看，杠杆该如何调整？

张晓晶：把资产负债表拆开看，非金融企业杠杆率和地方政府的杠杆率偏高。居民和中央政府，我们是鼓励杠杆率往上走的。

政府的杠杆率为57.8%，其中中央政府是15.1%，这个数字肯定是要往上走的。因为从资产角度，随着市场化改革，国家掌握的财富变少了，分子小了；而从负债角度，政府的负担越来越重，医疗、教育、社会保障，政府要花的钱越来越多。政府部门的这张资产负债表，将会变得与日趋成熟的市场经济体一样，会有更多的负债，这很正常，是大方向。

在居民部门，我们现在的杠杆才30%多，发达经济体60%都是正常的，比如日本是65%，美国是77%。我们提倡提高居民杠杆率的初衷是，刺激消费和投资。没钱花，国家借给你。这些年，我们的消费习惯有了一些改变，房贷、信用卡越来越普及。还有一个很火的杠杆，就是股票融资、融券以及场外配资。

从2014年下半年到2015年6月，股市大盘狂飙3000点，有些人利用这个政策，融资加了杠杆，挣了不少钱。之后，股市又大跳水，不少人开始质疑股市杠杆，他们认为风险太高了，甚至出现反对股市杠杆的声音。我认为，杠杆可能只是问题之一，加了杠杆后股市波动幅度更大，监管部门没有把握到这个规律。但杠杆是否应该负全责，可能要打个问号。杠杆本身就是一个工具，好与不好就看我们怎么使用。所以，要让杠杆完全撤出股市，可能性比较小。

《环球人物》：在这方面，国家的大战略是怎样的？

张晓晶：这个很明显，由于非金融企业杠杆率高，我们要降，政府、居民部门杠杆率有上升空间。大力发展股市，企业可以更多从股市融资而不是从银行贷款，其杠杆率就会下降；而股民如果借助杠杆投资股市，那么就会导致居民部门杠杆率上升，这就是所谓杠杆的腾挪。而最近的债务置换就是地方政府杠杆向中央政府的挪移。从国家资产负债表，我们能清晰看出这样的战略思维。不过，杠杆腾挪过程中无论是加杠杆还是去杠杆，都是要靠市场来完成，要让市场发挥决定性作用。政府如果操之过急、干预不当，有可能适得其反。

（文／毛予菲）

徐远：发展质量比速度更重要

徐远很少接受采访，相比于在媒体上露脸，他更希望用研究成果证明自己的价值。他不怕把经济预测放在公众号文章中，而且往往在年初发布，等待年末的验证。

"如果不能提前一段时间做出判断,怎么能叫预测呢？"徐远对《环球人物》记者说。但同时，他又是一个言辞谨慎的学者，交谈中不时出现"我只能说就目前的情况看……""不排除未来有新的变化"，体现着必然与偶然的辩证关系。

埋头书斋和关注现实也是一对辩证关系，徐远希望自己取得某种平衡。2009年，他结束了在加拿大麦吉尔大学的教学和研究工作，回到北京，成为北京大学国家发展研究院的一名经济学者。他说回国的一个原因是加拿大天气太冷，其实更重要的理由是中国时时刻刻都在发生的变化。

"从硕士到博士，又在海外漂泊了几年，我最终发现，相比于发表学术论文，我更喜欢研究现实问题。而研究现实问题，没有哪个地方比中国更好。这里有最有趣的现象，所以我必须回来。"

中国有相对稳定的社会结构和发展趋势，却也有极其突然的"黑天鹅"事件，有时快得令人猝不及防。比如突如其来的新冠疫情，不仅让中国人民2020年过了一个难忘的封闭式春节，更给因中美贸易摩擦而负重前行的中国经济蒙上了一层霜雪。

"疫情短期影响大于中长期影响"

"疫情对经济的影响还需要进一步观察，但是初步判断短期影响比较大，中长期影响不大。"徐远说。

短期影响可分为直接的和间接的。旅游、住宿、餐饮、线下零售、交通运输等服务行业已经直接受到冲击，疫情导致的隔离使市场需求一下子降到冰点，而一些相关行业，如养殖、蔬菜供应等，也会受到直接影响。

"损失总量目前不太好准确估算，但数量级会很大，可能达到万亿元级别。尽管疫情过去后会有补充生产，但是服务型的消费，比如旅游、餐饮、院线影视，很难补起来了。与2003年非典期间相比，中国现在的服务业占比大很多，因此疫情对经济的影响也变大了，这个要重视。"

疫情的间接影响，是延长假期等措施导致的企业经营困难。假期里企业没有营收，但是房租、工资、利息等固定成本还是要开支的，这样很多企业的现金流会受影响。这些间接的影响，可能比直接影响还要大。

徐远认为，此次突发的意外使很多资质很好的企业受到打击。由于中国商业保险业还不发达，因此需要出台一些相关政策，缓解疫情带来的冲击。

说到短期影响，最敏感的莫过于股市了。徐远表示，疫情对股市的影响可以分为基本面和情绪面，前者是经营、利润受影响而导致股价下跌；后者是疫情来势汹汹，市场恐慌情绪会比较严重，导致股价下跌。

"由于春节期间外围市场出现大幅下跌，A股开市后出现了较大幅度的回调，但随着疫情的明朗，基本面和情绪面都在逐步恢复，从全年看，A股大概率还是会上涨的。"

如果没有突发的疫情，中国经济在2020年的发展形势还是比较稳定的。根据国家统计局公布的数据，2019年中国GDP增速为6.1%，相比于美国的2.3%、日本和欧元区的1%左右、印度的5%左右，中国依然是全球经济增长的冠军。更有意义的是，2019年中国人均GDP为7.0892万元，按年平均汇率折算达到了1.0276万美元，突破了1万美元的大关。

不过，由于国内外多种因素的影响，尤其是持续近两年的中美贸易摩擦，中国经济依然承受着不小的压力，于是就有了2020年GDP增速要不要"保6"的话题。

"'保6'其实是个伪命题。"徐远直截了当地对记者说，"从长期来说，追求发展质量而不是追求发展速度对中国经济更重要；从短期来说，我的分析结果是，即便不刻意'保6'，GDP增速也不会偏离太多。"

对于影响全球的中美关系，徐远认为未来的一个基本格局就是竞争摩擦。双方第一阶段的贸易谈判已经完成，接下来的谈判可能还会出现反复。合作依然要合作,但世界第一大和第二大经济体之间不会蜜里调油。

在外人眼中,中美似乎剑拔弩张,徐远的分析却带着举重若轻的味道:"双方没有斗破的可能性。首先,目前军事冲突是可以排除的,因为谁都承担不了这个后果。其次,如果双方经贸往来彻底切断,对美国经济将是一个很大的伤害,会严重影响美国老百姓的生活。中国对美国的需要则表现在技术和服务方面,而且我们还在加大开放程度,这对美国资本有很强的吸引力。所以说,中美吵得再激烈,放到历史上去看,都是小浪花儿。"

美国对中国的全面遏制战略,让中国经济在过去两年中非常不舒服。徐远觉得,当对手迫不及待的时候,中国的策略是不要着急,把自己的事情做好,尤其是把技术短板补齐。

"从目前的发展趋势看,中国经济总量成为世界第一是没有太多疑问的,我们的经济基础、技术人才都够了。我自己的判断是,2025 年中国会超过美国,成为世界最大经济体。但是,我们的人口是人家的 4 倍多,即使总量成为世界第一,也不必看得太重,更有意义的还是人均 GDP。"

社会治理能力需要"现代化"

在徐远看来,人口是一把双刃剑,用得好是资源,用不好是负担。随着中国农村地区的快速城镇化,人口必定向大中城市聚集。

"中国的国情是人多地少，大量资源集中在核心城市、一线城市、省会城市，而城市是节约社会成本、提高效率的最佳机制。"徐远认为，中国农村人口正逐渐融入比较大的镇子或者县城，未来绝大多数中国人会生活在大中城市。只有这样，农村的空间资源才能得到充分利用，从而保证粮食安全、青山绿水。

多年来，许多中国人羡慕美国式的中产生活——工作在城市，住在远郊的独栋别墅里，有院子甚至游泳池，周围绿树成荫、鸟语花香，每天开车上下班。

徐远解释了这种生活方式的演变路径："美国的城市化进程中有一个历史现象，就是'二战'以后汽车开始普及。当时的美国中产就像今天的中国中产一样，觉得田园生活特别美好，住在郊区的大房子里，享受生活，看起来很令人向往，于是逐渐形成了住远郊别墅、开车上下班的模式。"

但是，随着新的工业革命、互联网时代的到来，工作节奏、生活节奏的加快，每天奔波往返的生活恐怕并没有那么美好。徐远发现最近十几年，美国新盖的住宅大多靠近市区，而且很多是高楼。

"我认为美国的城市化走了一条弯路。"徐远说，"时间长了，每天的堵车、疲劳都是成本。所以我想说，中国人对美国经常有一些表面上的理解，而事实往往不是我们想象的那样。千万不要以为美国的一切形态都是好的，没有这回事。"

有一句著名的调侃是：世界上有两个美国，一个是纽约，另一个是纽约之外的美国。即使是纽约，仍会被分成曼哈顿和曼哈顿之外的纽约，造成这种现象的根本原因，还是效率问题。徐远希望，中国人在学习美国前，先了解清楚美国城市形态的演化历程，要学到其内在逻辑而不仅仅是外在形式。

"目前全世界的趋势都是人口向大城市聚集，乡村在慢慢地衰落和消失。不过，人类历史就是在误解和误判中蜿蜒前行的。"徐远笑道，"你以为美国人不想改吗？很多美国专家会跟你说，我想改造纽约的某条路、某个桥、某个建筑，想了10年了，就是改不动。"

每一个国家和地区都有自己的历史文化，从而形成独特的经济发展模式和社会治理结构。发达地区的社会形态，有时掺杂着不得已而为之的因素，并非尽善尽美，却常常被其他地区奉为金科玉律，无论好坏都照单全收。

"美国那一套拿过来一定好用吗？人类社会是一个生物体系而不是机械体系，是演化出来而不是设计出来的。如果模式能套用，非洲为什么还这么贫穷？就像美国的自由化市场模式，在历史上的某个时期确实提高了效率，创造了三四十年的经济繁荣，但也带来了一系列社会问题，难道贫富差距拉大也值得学习？"

徐远有一个预测，随着人口的集中，未来中国社会的治理结构会从五级政权变成三级政权。"几千年的农业文明形成的治理结构是中央、省、地区、县、乡镇，而农村相当于一个派出机构。未来随着人口的聚集，会形成三级治理结构：中央、省、城市。到那时，城市将成为基本的治理单位，乡镇变成城市的派出机构，省则是连接中央和地方的中间协调机构。"无论这个预测能否成真，人口的聚集都要求地方政府必须努力提高社会治理水平。

让没买上房的人有机会"上车"

理解了徐远关于城市形态的预测,就不难理解他关于房价的判断,比如"中国的房价总体上没有泡沫"。

这些观点在今天颇具争议性,需要时间给出裁定。在徐远看来,炒起来的房价一定会回落,比如曾经的温州、鄂尔多斯等地,房价暴涨一段时间后都下跌了很多。但从全国范围看,尽管政府严格调控,房价总体上依然坚挺,尤其是一二线城市。徐远认为大中城市房价有坚实支撑,即中国经济的迅速发展和城镇化的快速推进。

"政府调控的主要目的是防止房价上涨过快,而不是强行把房价压下去。城市的发展就像飞驰的列车,有人判断准确,早早买房'上车',很多人却错失了买房时机。急剧拉大的财富差距不利于社会的长治久安,调控政策能减缓这个过程,让之前没'上车'的人多些时间积累财富,还能'上车'。"

2020年,中国的人均收入水平约为美国的1/6,相当于20世纪70年代的日本或80年代的韩国,GDP增速还能维持在5%—6%,城镇化率仅为60%左右,还有庞大的14亿人口,中产阶层不断壮大……综合各种因素,徐远认为,在中国城镇化率达到顶峰之前,一线城市房价会以每年5%—7%的速度增长。

对于"买房不如租房"的观点,徐远不以为然。他认为房租的增速必然快于收入的增速,年轻人如果有能力一定要买房而不是租房。"房子离市中心越近越好,面积可以小一点,尽量离单位近一点。年轻人最宝贵的是时间,不要把精力耗费在路上。"

在北上广深,年轻人最大的压力来自房价,前些年"逃离北上广"成为一个热门话题,但时隔不久,许多人因为难以适应故乡的生活方式,又"逃回北上广"。

徐远的建议是,逃离北上广不是绝对不可以,但尽量不要逃,一定要逃的话,与其逃回小县城,不如选择北上广以外的大型城市。"中国未来一定不止四个一线城市,人们可以选择在大城市之间进行迁移。从投资的角度说,大城市的房子是最保值也最省心的。"

在今天,中国人的投资意识越来越强烈,但对于普通人而言,投资终究是一件锦上添花的事情。如果放弃脚踏实地的工作,幻想一夜暴富,就不是投资而是投机了。对于这样的想法,徐远觉得很危险。

"我的专业领域是金融,见过很多抱着投机心态而不是投资心态进入资本市场的人,有趣的是,这些投机者的财富最后都是缩水的。人生是个漫长的过程,你搞投机或许可以成功一把,但从长期看,只要市场竞争机制还在起作用,最终胜出的还是那些勤勤恳恳、有一技之长、对企业和社会有用的人。"

(文/尹洁)

何帆：在慢变量中寻找小趋势

美国著名记者、通俗历史作家威廉·曼彻斯特写过一本书——《光荣与梦想》，在全球享有盛名。这部出版于1974年的纪实作品，勾画了美国从1932年到1972年的历史，从政治、经济、文化、生活等角度反映了美国社会的发展变化。

2018年的春天，经济学者何帆与"罗辑思维"创始人罗振宇聊天时，谈到了《光荣与梦想》。何帆觉得这本书最大的成功在于选择了一个非常好的历史阶段，从小罗斯福上台到尼克松"水门事件"的40年，正是美国历经波澜曲折、走向超级大国的时期。

在何帆看来，今天的中国缺少类似的作品，从2019年到2049年的30年，应该是最值得记录的一段时期。罗振宇鼓励何帆自己来写，尽管记录当下比回顾历史的难度要大得多，"想做成一件事情，必须对自己狠一点"。

一年后，何帆带着他"年度报告系列丛书"的第一本《变量》坐到了《环球人物》记者面前。这套丛书的写作时间跨度预计为30年，每年出一本。

"之所以要写30年，是因为2049年是一个非常有意义的时间点。如果我们干得好，这30年足以让中国实现伟大复兴。但无论如何，这段时期对整个人类都是非常宝贵的实践经验。"何帆对记者说。在他看来，未来30年将是中国历史上"最激动人心"的时期。

慢变量才是牵引历史进程的火车头

2018年让人们感受到了中国经济遇到的各种冲击。在去各地开会、调研的过程中，何帆遇到了形形色色的人。从出口企业的老板到出租车司机，几乎人人反映"生意不如以前好做了"。

中美贸易摩擦、股市重挫、中小企业艰难度日……直到2018年的末尾，很多人仍处于悲观的状态中。然而短短两个月后，中美贸易谈判出现曙光，一系列利好政策出台，股市强势反弹，转变快得令许多人甚至来不及做出市场反应。

"判断未来的趋势，取决于你是看短期还是看长期。"何帆说，"一般来说，看短期相对更清楚，看长期相对更模糊，但在2018年却恰恰相反。"人们习惯于通过经济基本面判断未来趋势，而在过去一两年中，影响中国经济的最重要因素是信心。"我们习惯的经济增长模式已经结束，全世界都在发生新的变化，如果还用过去的思维面对未来的不确定性，你会变得越来越悲观。"

在调研的过程中，何帆发现了很多"灰暗背景下的亮点"，这些亮点提醒他，历史正在向新的方向突进。为了避免盲人摸象式的判断，何帆选择"在慢变量中寻找小趋势"。他认为人们每天接触到的信息大多是快变量，嘈杂冗余的内容太多，让人们只看到眼前，却看不到全局。而慢变量是那些看起来没有变化、离大众很远、与日常生活没有直接关系的事物。

"我们往往容易忽视慢变量，但慢变量才是牵引历史进程的火车头。"何帆举例说，美国经济学家罗伯特·戈登提出过一个观点：放到历史的大尺度下，电的出现比电子计算机的出现更重要，与电气化带来的科技大跃进相比，电子计算机引发的"新经济"只能算一次小浪潮。

同样，观察过去30年中国的经济发展，要把握三个最重要的推动力：工业化、城市化和技术创新。当很多人担心贸易摩擦会搞垮中国经济并因此悲观时，何帆通过研究发现，上述3个核心变量都没有停止发展，只是有了一些新变化，他据此得出结论：贸易摩擦带来的冲击没有大家想象的那么大。

何帆认为，中国面对的真正挑战是在赶超西方之后。过去前面有目标，可以学习和借鉴，现在中国在很多领域已经站在前沿了，得自己去探路。"中国要找到一个适合自己国情的方案，比如说你的企业治理模式，是更多地保护股东利益，还是更多地保护员工利益？这些探索都是在创新。"

"民粹主义"的根源是经济

多年来，"中国崩溃论"在国际舆论场几度甚嚣尘上。但随着中国经济实力的不断增强,尤其是综合国力的显著提升,国际舆论也发生了明显的变化。

在国外参加会议时,何帆经常听到关于中国经济规模的讨论,当中国经济增速出现下滑时,不同观点的交锋也相当激烈。经历得多了,何帆已见怪不怪,他认为中国目前最重要的是保持定力,按照自己的节奏往前发展,至于外部的纷扰之声,不必过于在意。

"经济规模不代表一切,更重要的是你的发展阶段。中国要实现自己的目标,仍有很长的路要走。在高速增长阶段结束后,要顺应这个趋势,把目前存在的一些经济问题、社会问题解决好。"这些问题主要体现在公共服务领域,尤其是住房、教育、医疗、养老等,如何发展高效普惠的服务产业是中国目前面对的一个重要课题。

贫富差距、社会阶层分化让这个问题更加突出。事实上,近年来"民粹主义"在全球范围内都有主流化的趋势。何帆认为其根源在经济。一些学者常说全球化是一个双赢的过程,却往往忽视了分配效应,即赢家里有人拿得多、有人拿得少。

借助改革开放和全球化的力量,中国东南沿海地区富裕起来了,而中西部地区虽然也在发展,但两者之间的差距却越来越大。美国同样如此,跨国企业赚得盆满钵满,而底特律的汽车工人会觉得自己被海外更廉价的工人抢走了工作。

"在这种情况下,正确的做法是倾听底层的声音,充分沟通、解决问题。比如政府为他们提供技能培训,让他们进入更现代化的行业,跟上时代发展,否则鸿沟越来越大,必然造成社会分裂和动荡。"

在何帆看来，新问题要用新办法解决，抱残守缺是不行的。"近年来，中国部分专家学者在公众中的影响力和信任度明显下降，因为在遇到新挑战的时候，专家们并没有提出让大家信服的解释和方案。好的经济学家应该是社会学家，因为经济是嵌在社会里头的。"

"美国正在疗伤，但开的药方是错的"

在特朗普当选总统后，"美国衰落"的声音也越来越大。何帆觉得现在下这种结论为时过早。"如果说各种问题是社会伤口，那么美国目前正在疗伤，但开的药方是错的。它从此之后是否会一蹶不振？这很难讲。"换句话说，美国的基础还在，包括欧洲、日本，"底子"依然不可小觑。

何帆认为，中美贸易关系在短期内会有所缓解，但从长期看，很可能有反复。

"中美关系在特朗普上台后的两年里已经击穿了一个底线，目前正在寻找新底线的过程中。只有这个底线确定了，我们才能判断中美摩擦未来是加剧还是反转。在此期间，我们要做好自己的事情，保持定力，按照我们的既定目标走下去，不要被带跑了。"

随着人工智能（AI）技术的广泛应用，新一轮科技革命正在拉开序幕。在何帆眼中，未来更大的冲击并不是反全球化、民粹主义，而是新技术革命对整个人类社会的"颠覆式影响"。

从农业社会过渡到工业社会后，经济秩序、社会秩序都按照工业化的标准进行，人们也早已习惯了固定的工作时间、作息时间，甚至家庭生活和社交方式也要服从于这个标准。而何帆认为，未来AI彻底融入人类生活后，整个社会的生产组织方式、教育方式，甚至家庭形态都将与现在截然不同，我们今天所熟悉的政治学、经济学、社会学、管理学等知识，以后全部会发生变化。

但机器人的使用并不意味着人类会失业。何帆援引第一次工业革命的例子：早在19世纪，英国纺织行业就从手工业进入了现代化生产，其中98%的劳动实现了自动化，但纺织工人的数量不仅没下降，还增加了。这是由于生产力大幅提高之后，产品价格下降，市场需求就会增加。比如，过去人们只有一套衣服，而且是手工缝制的，随着生产力的提升，每个人的衣橱里都塞得满满的。此外，消费者对窗帘、地毯、沙发罩等各种纺织品的需求也大幅增加，这就抵消了机器对劳动力的替代。

随着人类社会生产力的进步，同样的故事一直在发生。20世纪80年代，条形码问世，这项发明让收银员的结账时间减少了18%—19%，但收银员的数量反而增加了；90年代，自动取款机诞生，银行柜员的数量同样不降反升；新千年之后，律师事务所越来越多地使用计算机软件管理和检索文件，这本是律师助理要做的工作，但律师助理的人数并没有因智能化的设备而减少，反而有了快速增长。

"技术可以创造出全新的岗位需求，也能改变很多传统的常规工作。当银行柜员不需要再收付现金，他们可以花更多的时间帮顾客处理更复杂的事务；当律师助理不用再在档案堆里找文件，他们可以帮助律师们更好地维护客户关系;当机器人负责看 CT 片子的时候,人类医生可以借助电脑,进一步提高诊断质量。"何帆说。所以,一切都不必杞人忧天。

(文 / 尹洁)

隋福民：那一代实业家的坚守

他们在改革开放后应运而生，无论沉浮，都有英雄的气概和创新的天赋。

我们应该怎么看待中国改革开放后的第一代实业家？作为一名研究经济史的学者，我想给出自己的一些思索。

他们创业时都带着一种历史的情怀

中国是个古老的国家，经济发展水平和人民富裕程度都曾领先于世界，在文化、科技等方面都为人类社会做出了贡献。然而，中国所达到的高峰，是农业社会可以达至的高峰。当世界进入工业时代后，中国落后了——工业革命没有在中国发生。作为曾经最发达的国家，没有率先转型，自然有些失落，是英国人告诉全世界，工业革命的力量前所未有。

没有率先进行工业革命也就罢了,中国在工业化上的追赶,相比德、美、法、俄等国,甚至是东邻日本,也是不成功的。落后必然挨打。因此,在清朝后期就有仁人志士呼喊着要实业救国。清末的状元张謇说:"救国为目前之急……譬之树然,教育犹花,海陆军犹果也,而其根本则在实业。"当时的实业包括农、工、商,当然主要是工商。于是,大生纱厂、厚生纱厂、永久黄、福兴面粉厂、申新纺织厂等一大批实业诞生了,一大批实业家也被铭刻在历史记忆上——张謇、范旭东、荣宗敬、荣德生……然而,实业救国的梦还是破碎了。家国动荡、时局不稳、欧洲列强无暇东顾,在此背景下,中国实业家才能短暂喘息,但很快在世界经济危机、日本侵略下,走上了衰败之途。

国民党执政的中后期偏好德国和苏联的经济发展模式,共产党建立的新中国也全面学习苏联的计划经济。在公私合营的战略下,中国的实业家阶层实际上是消失了。结果是什么?是中国实业发展的严重畸形。计划经济模式不可克服的缺点致使其难以久远,很快走到尽头。

邓小平是一个现实主义者,他能冷静地看透一些问题,看清国际局势,看到发展的出路和办法——改革开放。新中国成立后的第一代实业家也随之诞生了。这些人大多出生于20世纪40年代,40多岁才走上创业的道路。他们经历了"文革",当他们开始创业,都带着一种历史的情怀。

新中国让我们站起来了,但还远称不上富裕。新中国成立初期,毛泽东曾感慨:"现在我们能造什么?……一辆汽车、一架飞机、一辆坦克、一辆拖拉机都不能造。"30多年过去,中国有了原子弹,能送卫星上天，但自行车价格很贵，很多生活必需品供给不足，总体来说，就是实业依然不能满足老百姓的需求。第一代实业家看到了这样的现实，从这些现实中也看到了自己的责任。改革开放赋予了他们机会。这是时代的机遇，也是他们人生的机遇。

他们不是财富的瓜分者

最先在全国范围内产生影响的是浙江海盐衬衫总厂厂长步鑫生。1983年11月16日一早，步鑫生打开报纸，赫然发现自己的名字出现在了头版头条的位置。这篇题为《一个有独创精神的厂长——步鑫生》的新华社通讯，当天刊登在了《人民日报》的头版，步鑫生在没有任何心理准备的情况下，被推到了时代的聚光灯下。

从当上厂长开始，步鑫生就按自己的想法搞改革，打破"铁饭碗"和"大锅饭"，设立奖金制度，提出"上不封顶，下不保底"。这些措施在体制内产生了震动，老工人时不时写告状信到县里、省里，上级也对他不太满意。但是在他的改革下，工厂效益不错，生产出的衬衫在上海、杭州等地很受欢迎。当时中央政府通过强有力的行政力量，遏制住了经济过热的现象，但也不可避免地打击了国有大型企业的改革热情，而受调控影响较小的中小国营或集体企业，则频现亮点。在这样的背景下，步鑫生脱颖而出，被树立为当时最耀眼的企业英雄、"改革典型"。1985年的河北石家庄造纸厂厂长马胜利，也是在类似的背景下，因为一篇新华社通讯《时刻想着国家和人民利益的好厂长马胜利》

闻名全国。

这是第一类,在体制内施展拳脚的实业家。虽然因为舆论的揠苗助长,很快陨落,但他们的成功案例,对于无数正在创业的人来说,算得上一堂最生动的启蒙课。很多人后来回忆说,这是他们第一次接受了市场化商业文化的洗礼。这其中就有萧山的鲁冠球。

鲁冠球的工厂在很长时间内,与华西式的乡村基层政权及集体企业组织一起,被看作中国民营公司成长的两个源头,共用着"乡镇企业"的概念。从1969年创办"宁围公社农机厂",到1979年敏锐判断出中国将大力发展汽车业,决定专攻汽车传动轴和驱动轴的连接器万向节,这位日后著名的"中国企业常青树"以通过合办路径来生产社会上所需产品起家,并在此后又通过多种办法完成企业的股份制改造,走出了中国实业家的新道路。

在鲁冠球开创的道路上前行的还有广东省三水县酒厂厂长李经纬。比起三水县酒厂厂长,他有一个更有名的头衔——"健力宝"创始人。1987年11月,健力宝与可口可乐竞争"六运会指定饮料"的名号。这是第一次出现中国企业与跨国企业同场竞争的场面。最终,健力宝以250万元、外加赠送10万元饮料的价码,获得了胜利。赛会期间,在新建成的广州天河体育中心,从痰盂、垃圾桶到墙壁、工作人员的制服,都印上了健力宝广告。健力宝的成功极大地振奋了国人的精神,也吸引了一批实业家投入饮料食品行业。

依托体制内工厂起家,这是第二类实业家。

还有一些人带着一帮兄弟白手起家自己干,成为新中国第一代民营企业家。他们的身上,有着异乎寻常的使命感,就是要让中国拥有自己的尖端技术，要证明外国人能做的中国人也能做。比如曹德旺，又如在1987年组建了华为公司的任正非。华为曾经是一家不起眼的小公司，创业时非常艰难。任正非领着一些人吃住在工作场所，醒了就干，饿了就吃，累了就睡，没日没夜地讨论、研究和开发，最终在1992年生产出有自主知识产权的大型数字程控交换机。

这三类实业家共同的渴求和动力是：外国人垄断了技术，产品非常贵，如果中国人自己掌握了相关技术，生产出可替代产品，就可以大幅降低商品价格，于国于民都有利。如果给他们画像，应该带着浓浓的情怀来着墨。这种情怀是清末民初实业家精神的延续，被时代和国家赋予了亮丽的色彩。中国现代民族工商业者的杰出代表荣毅仁，在公私合营之际曾与夫人杨鉴清有过一段对话。夫人问为什么当初不离开，这样产业可以自家保留，荣毅仁当即说这正是他与她的区别，在他看来，永远一是国家，二是事业，三是家庭。

这一代实业家的身上，还有不同寻常的一面——创造力。我们常说的胆量，也是创造力的一种表现。他们或许是风险偏好者，但没有创造力，也许就发现不了风险的空间。"创新理论"鼻祖约瑟夫·熊彼特对企业家曾有一个定义，就是强调企业家具有创新的一面，通过创新推动社会的发展和进步。

资本家本身不创造新的财富，仅通过一些办法重新分配社会财富的大饼，以实现自身财富的积累，所以并不能为社会做出增量上的贡献。实业家则不同。他们不是财富的瓜分者，不在分配领域与人争利，而是有效地满足了社会需求，通过财富的增量为自己赚钱。没有李经纬，就没有健力宝；没有宗庆后，就没有娃哈哈；没有任正非，就不会有华为这样的世界级优秀企业。

成败不是衡量实业家的尺度

第一代实业家中的大部分人发展得比较顺利。比如任正非，坚持公司不上市，但华为2017年的销售额已达近6000亿元的级别，不仅在收入指标上稳居全球电信设备市场第一，而且在净利润方面远超过排名其后的爱立信、阿朗、诺基亚、中兴四家之和；张瑞敏以"日清日高""人单合一"等管理模式，将海尔集团打造成千亿元收入的家电巨头；曹德旺的福耀玻璃也已是全球最大的汽车玻璃供应商。

失败的也有，比如步鑫生和马胜利。他们都是成也大胆败也大胆，步子迈大了让企业失去继续发展的资本。马胜利在河北因为承包制声名鹊起，曾豪言要承包中国100家造纸厂，打造中国的纸业托拉斯，但扩张速度过快，效益出现大面积滑坡，企业失去了不断前进的机会。

李经纬表现了另一种失败，即在创业时成绩不错，但在与政府的关系处理上失当。自1998年开始，他就与三水市政府因健力宝的产权分歧而势同水火。1999年7月，市政府为健力宝召开转制工作联席会议，90%的与会官员主张卖掉健力宝，且不能卖给李经纬团队，最终导致健力宝品牌消失，企业、个人和政府没有达到"共赢"。

成功也好，失败也罢，都不是衡量这些实业家人生的尺度和标杆。重要的是，他们绽放过，而且有的还没有停歇，仍站在企业的第一线，为实业救国的梦想而奋斗。而后来者也已经出现。其中格力集团的董明珠最为豪迈。这位在业界被称为"所到之处，寸草不生"的铁娘子，立志要让世界爱上"中国造"。

实体经济需要公平的税费环境

当前，不少实业家在做实业的同时，也向多元化方向转型，搞起了房地产、金融等，比如新希望集团董事长刘永好；也有的干脆把实业套现了，完全转行，比如苏泊尔公司董事长苏增福。

我们不能苛责他们，因为实业发展的利润空间越来越小，到了考验实业家创造力的时候。与此同时，由于货币的超发、资本市场的不完善以及房地产市场的亢奋，他们面对太多赚钱的诱惑。

当然，还有一些人在创造性地坚守，比如"中国饲料大王"刘永行。在房地产火爆的时候，他以"房地产挣钱太容易，不具有挑战性"为由拒绝投资；在股市红火时，他也拒绝进入二级市场，"如果我从二级市场上得到几十个亿，我会很害怕"。这个作风稳健的实业家，把铝电行业作为第二主业，时刻提醒自己"不能急功近利，要小心戒备"，始终强调铝电行业与饲料业的相关性。

无论如何，我们不应炒作"曹德旺们"是否"逃跑"，而应该尊重他们的精神，想想他们曾经或者正在给我们带来什么，同时我们应该反求自身。曹德旺说中国的税负高，说中国的能源价格高，那我们就想想，为什么我们的能源价格高，为什么我们的税负高，怎样才能降低能源使用价格，怎样才能降低企业税负。实业家在全球范围内配置自己的资源，这没有错，如果做不到这一点，就不会成为世界一流的实业家。美国企业、日本企业不也在中国设厂吗？在国外设厂，是企业和国家发展的表现，也是产业转移的结果，无可厚非。

当然在中国的今天，我们不希望产业过早出去，因为我们的现代化道路还很漫长，我们的城市化率才刚过50%，我们的农业人口还有至少5亿。没有产业的支撑，城市化、农业现代化都是一句空话。我们不希望实业家走，但不是强迫，我们应该用市场环境和制度环境留住他们。

党和政府正在做着这样的事。2016年12月，中央经济工作会议在北京举行。这规格最高的年度经济会议，历来被视作次年宏观经济政策最权威的风向标。这次会议指出，2017年要大力振兴实体经济，降低实体经济企业成本，还特别提出要降低企业税费负担，进一步正税清费，营造公平的税费环境。这无疑为中国实体制造业的发展带来重大利好，也给予实业家更多信心。

（文/隋福民）

民企大咖的创业史

任正非：以正行道，以非突围

任正非，1944年生于贵州镇宁布依族苗族自治县，祖籍浙江浦江县，1963年考入重庆建筑工程学院，1974年入伍，1987年创立华为公司。

在困境中成就不凡

在中国知名企业家中，任正非可以说是最低调的一个，既不去论坛峰会发表演说，也无心于圈子文化，更不爱为别人传道解惑。74岁的他心里只有工作，但他和他亲手创立的华为却无法逃避媒体的聚光灯。

对任正非和华为来说，2018年着实是不容易的一年。这一年中，华为的营收继续高歌猛进，技术创新步步为营，在智能手机市场的占有率甚至超越了苹果。但与此同时，华为在海外市场越来越频繁地遭遇"危害国家安全"这种莫须有的指控，其领先的5G技术先后被美国、澳大利亚、新西兰等国拒之门外。在2018年底，任正非的长女、华为CFO孟晚舟遭到加拿大非法拘押，全球震惊，华为再一次成为世界舆论的焦点。

2018年的任正非遇到了种种前所未有的艰难险阻，却依然低调。事实上，他不大喜欢来自外部的关注和赞美，曾说过"外界过分夸大了华为"。也许在30多年前，拿着2万多元到深圳创业的任正非并没想到遥远的未来，但今天的华为已是一家年营收将超千亿美元的全球化巨头，实力已经不允许任正非继续低调下去。下一步，华为将如何应对来自西方的"围堵"，想来他心中早已有了谋略。

2018年的任正非依然充满着危机感。他写过一篇题为《华为的冬天》的文章，坦言自己"十年来天天思考的都是失败，对成功视而不见"。当时是2000年，正值第一轮互联网泡沫破灭之际，之后18年华为越来越强大，但任正非每年挂在嘴边的都是"活下去"三个字。正是这种强烈的危机意识，让华为跨越了包括2008年国际金融危机在内的多次行业寒冬。

生于忧患，死于安乐；自力更生，自强不息……任正非赋予华为的企业文化正是中国人几千年来最为推崇的传统智慧。

当然，外界对任正非也有批评，比如他所倡导和身体力行的"狼性"文化。在批评者眼中，"狼性"文化等同于压榨及僵化的集体主义，似乎缺少了中国传统的"温良恭俭让"和西方企业标榜的"自由与平等"。

这些批评并非全无道理，但也忽视了事物的另一面：首先，任正非可能是中国股权最少，却最舍得给员工分钱的老板。他的理念是招聘最好的人才，并给予最优厚的待遇，这在本质上与微软、苹果等西方企业并无差异。其次，华为以数十亿美元的代价引入了世界上最为先进的管理制度，主动将自己变成了一家标准的全球化企业。华为的内核毫无疑问是现代化的，"狼性"则是包裹在外面的个性化色彩。

中国经济发展到今天，无论任正非还是华为，都不是一个人、一家企业在战斗。在这样一个关键时刻，他们绝不会孤单，正如华为的名字一样，众志成城，方可"中华有为"。在2018年的冬天，任正非的最新讲话昭示了未来："我们一定要打赢这一仗，打赢了才可能获得未来二三十年的和平。除了胜利，我们还能有什么呢？"

总能走出"至暗时刻"

30多年来，任正非带领华为走过数个艰危时刻。

如果一位74岁的老者得知女儿被拘押，心中的感情该是怎样的？如果一家国际知名公司的副董事长、首席财务官被他国以未知罪名拘押，公司员工的感情该是怎样的？以人之常情来说，这当然是任正非的苦难、华为的苦难。甚至有媒体称之为华为的"至暗时刻"。但任正非和华为公司的应对是理智平和的——在法律和规则下谋求解决。华为甚至以另一种形式继续进击——2019年2月24日晚，华为在西班牙巴塞罗那发布了全球首款5G折叠屏手机HUAWEI Mate X，叩响了5G的时代之门。

HUAWEI Mate X手机最显眼之处莫过于它的折叠屏。华为消费者业务 CEO（首席执行官）余承东说，华为花费 3 年攻克了"铰链"技术，最终用 100 多个组件实现了屏幕的无缝折叠。许多业内人士评价这款手机是"用工业设计和顶尖制造技术实现了变形""无论是设计还是完成度，都堪称目前最完美的产品""这是手机发展史上的一次飞跃"。此外，手机还启用了华为最强的 5G 多模终端芯片，它的速度比 4G 芯片快 10 倍。有媒体评价，这意味着"华为弯道超车"，而苹果"从 3G 时代的领导者变为 5G 新技术的追赶者"。

这场发布会在公众心中激起了更大的回响，人们仿佛看见，华为凭借其无法替代的核心技术吹响了突围的号角，从"至暗时刻"走到了一个新的高光时刻。

这样的突围，对任正非和华为来说，过去的 30 多年里有过太多次。

1987 年，任正非失业、离婚，在"人生路窄"的时刻决心创办华为。1992 年，为突破国外技术的限制，华为自主研发交换机，他倾尽所有，还借了外债，他说如果研发失败，"只有从楼上跳下去"。2003 年，华为应战美国电信巨头思科的诉讼，任正非说，"敢打才能和，小输就是赢"。此后，任正非下决心把华为推向世界，即便是在国外一些地区持续亏损，他仍然坚持。如今，在世界上 170 多个国家，在偏僻乡镇、非洲大漠、南美丛林都有华为人忙碌工作的身影。2009 年，华为下定决心研究极化码，任正非坚持一条通往 5G 时代的"与众不同"的道路。2016 年，在世界各大电信商云集的 5G 领域，华为拔得头筹……

这一路走来，蹚的都是硬坎，啃的都是硬骨头。任正非是一个硬朗的人。公众在他身上，能够看到遇事不回避、不绕行，甚至不太愿意变通处理；而中庸的态度、圆融的哲学、迂回的方式，在他这儿几乎看不到。一个硬朗的任正非造就了一个硬核的华为，这个硬核是硬啃核心技术，也是精神之核坚硬。这就很好理解，在"至暗时刻"来临时，华为的应对方式为什么会如此清晰简洁：一面遵守法律和规则，一面实打实地推出折叠屏核心技术。没有花式和繁笔，大道至简，却有力。

提"危机"二字，他依旧微笑

2019年1月17日，孟晚舟被拘押的第四十七天，任正非首次接受国内电视媒体采访，并与国内数家媒体见面。此前的1月15日，他接受了《金融时报》、美联社、《华尔街日报》等多家外媒采访；此后的2月18日，他又接受了英国广播公司（BBC）的采访。这样密集地抛头露面，从1987年创办华为以来，还是头一次。见国内媒体那天，镜头前，74岁的任正非是坦然的，身穿蓝西装、白衬衣，全程面带笑容，没有表现出焦虑。谈到某些问题，他甚至哈哈大笑。"见媒体是公共关系部逼的。他们说，这段时间我们处在危机转活的阶段，一定要让客户理解我们，一定要让18万名员工理解我们。团结起来奋斗，渡过这个难关。他们说，还是我讲话有权威，那我就来讲话了。"说到"危机"二字时，他依然在微笑。

"您担心她（孟晚舟）吗？"

"我觉得不应该有多大的担心，我估计她需要很长的时间解决这个问题（而已）。""这件事我们通过法律解决，我们是有信心解决的。"

"您作为父亲，想为女儿做些什么，又能为她做些什么？"

"我们首先感谢党和国家对一个公民权利的保护，但是我们能做的，还是要依靠法律的力量。"任正非回答。

任正非说，面对现在的问题，华为并没有猝不及防，"应该说，我们今天可能要碰到的问题，在十多年前就有预计，我们已经准备了十几年，我们不是完全仓促、没有准备地来应对这个局面。这些困难对我们会有影响，但影响不会很大，不会出现重大问题。"

2019年1月18日一早，任正非接受采访的万字长文刷屏，国内外网友燃起一股对华为的深厚情感。中国通信业知名观察家项立刚对《环球人物》记者分析说："第一，任正非确实是华为的精神领袖。他极少接受采访，他一出来说话，大家肯定会关注。第二，他讲得非常实在，不讲官话、不讲套话。如果仔细想一下，他的话很有思想性、哲学性，大家对华为有了更特别的认识。"

一个月后，《金融时报》称英国政府已得出结论，5G网络使用华为的通信设备所产生的风险可以得到有效控制。土耳其表示将继续使用华为的设备，德国也表态未来5G网络建设不排除使用华为的设备。2019年2月18日，面对BBC的采访，任正非更有信心了，表示孟晚舟事件"对华为的生意没有影响，事实上我们发展得更快了"。他说，"美国不会摧毁华为……美国不能代表世界"，如果英国信任华为而美国不信任，那么"我们将更大规模地把投资从美国转移到英国"。

越是危机时刻，任正非作为"精神领袖"的意义就越发凸显。在华为的成长史上，这样的艰难时刻有过多次。

2003年1月24日，思科在美国得克萨斯州东区联邦法庭对华为的软件和专利侵权提起诉讼。对这场官司，思科精心准备。诉讼前，他们有计划地在全球投放了1.5亿美元的广告，以良好的公众形象获得优势。美国几家最著名的财经媒体认定华为侵权，对华为进行舆论审判。而第三方专家、斯坦福大学教授、数据通信专家丹尼斯·阿利森对思科 IOS 和华为的 VRP 平台新旧两个版本进行了对比分析，结果是：华为的 VRP 平台有 200 万行源代码，而思科的 IOS 则有 2000 万行，华为的 VRP 旧平台中仅有 1.9% 与思科的私有协议有关，"200 万的软件怎么可能去抄袭一个比自己大 10 倍的软件？"

项立刚回忆说："当时华为还是一个小公司，面对这个官司，他们缺乏专业经验，没有专业能力，出现了一些混乱。""外界也有不少人觉得，华为是不是真的有问题？整个社会的舆论环境对华为非常不利。"

"在这种时刻，任正非却看到另一面。"项立刚记忆犹新的是，"任正非说，思科这么大的公司来告我们，把我们这样的小企业跟国际大企业放在一起比较，是承认了我们的位置、承认了我们的能力；我们可以从另一个角度看到华为的成长、华为的价值。"

任正非十分清楚，思科对华为采取种种封杀措施的目的，并不是为了讹诈和索赔。思科的真正目的是遏制华为在美国市场的持续发展，使思科在美国市场继续保持一枝独秀。为了稳住军心，任正非给出自己的判断："敢打才能和，小输就是赢。"10 个月里，从媒体危机公关、寻求客户支持到组建律师团、与 3COM 公司联合应诉，华为一点点摸索着突围。2003 年 10 月 2 日，两家企业达成了初步和解协议。2004 年下半年，双方正式达成和解。

正如任正非预料，这场"思科华为之战"使华为品牌知名度大增。如今，华为再不是当年的小公司。从 2013 年起，华为已成为世界上最大的通信设备供应商，销售额远超思科。

华为流淌着任正非的"血液"

2018年7月26日下午,土耳其教授埃尔多尔·艾利坎在深圳华为总部享受到他一生中少有的隆重欢迎:华为轮值董事长郭平到门口迎接他,包括任正非在内的华为最高领导层和数百名员工肃立10多分钟等候他的到来,任正非向其颁发专门由巴黎造币厂设计制造的奖牌。

华为为什么会给予这位外国教授如此高的荣誉?埃尔多尔·艾利坎自己的理解是:"华为是一家与众不同的公司,选择了与众不同的道路。"

这件事得追溯到2009年。当年,华为的销售收入仅为现在的1/6,但下定决心研究5G技术。那时5G技术标准有很多,华为坚持认为埃尔多尔·艾利坎发现的极化码有作为优秀信道编码技术的潜力。从2010年起,华为投入巨资研究极化码,终于在2016年11月使之成为5G控制信道编码方案。这是中国厂商第一次在国际移动通信标准制定中掌握技术话语权。在群雄逐鹿的5G技术战场,华为又一次突围而出。

5G时代是怎样的?项立刚说:"4G改变了生活,5G将改变社会。4G对我们生活的改变已显而易见,比如共享单车、移动支付等。5G则会带来社会管理、社会效率、社会能力的提高。汽车将是无人驾驶的,我们会有一个智能交通系统,也会有智能物流系统。甚至路灯、井盖都有各自的智能管理系统,小偷、罪犯经过的时候都能被记录下来。在4G时代,手机是智能终端,到5G时代,汽车、空调、路灯等全部会成为智能终端。"

"到目前为止,在5G领域,从芯片到系统、基站,再到手机、云终端都能做的企业,全世界只有华为一家。华为是5G领域综合实力最强的企业，没有之一。美国的高通、英特尔也没有办法跟华为相提并论。"项立刚说。任正非在1月17日接受群访时也不无骄傲地说："全世界能做5G的厂家很少，华为做得最好；全世界能做微波的厂家也不多，华为做到最先进。能够把5G基站和最先进的微波技术结合起来成为一个基站的，世界上只有一家公司能做到，就是华为。"

华为5G技术流淌着任正非的"血液"。"虽然他未必是技术专家，但这种战略选择依赖于他。当然，具体每一款芯片不可能都由任正非做决策。华为刚开始做芯片时每年都亏损，但他们选择坚持，这是任正非的决策。"项立刚说。

华为有这样一项硬性规定——每年销售额的10%投入研发。最初，任正非的这个提议遭到专家组和公司高管的联合反对，但他硬是把这个规定写进了《华为基本法》。时任华为企业顾问、中国人民大学教授的彭剑锋当时也非常不理解："从学术角度讲，一个企业要拿10%去做研发，你是疯啦？！你利润有多高？但是他就是坚持，必须这么做！""现在回头来看，他坚持的这些东西，还都是对的。"位于深圳市龙岗区坂田街道的华为总部有一面"专利墙"，上面挂满了华为近年来获得的专利证书。华为在诸多产品上的独特技术正是基于此。

再往前追溯，则会发现5G技术的突围来自任正非的"基因"。华为初创时期，为了不受外国技术的限制，任正非倾尽所有坚持自主研发交换机。1992年，华为资金困难，向银行贷款无望后，又向大企业拆借，前后投入1亿元人民币。当时公司有个内部政策——谁能够给公司借来1000万元，谁就可以一年不用上班，工资照发。在一次动员大会上，任正非站在5层会议室的窗边，对身边的干部说："这次研发如果失败了，我只有从楼上跳下去，你们还可以另谋出路。"1993年，华为研发的C & C08数字程控交换机被浙江省义乌县邮电局试用，此后大获成功，华为在自主研发之路上越走越远。

如今，华为庞大的研发机构是什么样的？一组数字可以体现。任正非在接受采访时说："华为培养了大量的科学家，其中包括700多名数学家、800多名物理学家、120多名化学家和6万多名工程师。"华为全球18万名员工中，研究人员占到45%。

2018年，华为在研发方面的投入达到150亿美元，而且还在持续增加。接受采访时，任正非说："我们有一个主管研发的徐直军，每次我都批判他，我说，你看你这个人，你以前说我浪费了1000个亿，今年你再批评我，那我应该是浪费了2000个亿了？！"任正非边说边哈哈一笑。

2018年，从亚洲到欧洲，从南美洲到北美洲，华为在全球170多个国家开展业务。华为的国际眼光，对海外市场的坚守，也是源自任正非。在华为创办初期，他就向仅有的几十个手下喊出"世界级梦想"的口号："10年之后，世界通信行业三分天下，华为将占一分。"不少人私下嘀咕：这简直是堂吉诃德式的想法啊！还有人悄悄说：老板脑子坏了！

2003年，华为在国内市场站稳脚跟后，开始到海外市场打拼。项立刚说："很多国内公司是这样的，如果国内市场做得不错，就把主力人员放在中国，但华为把最精干的人抽调到国外。当初，在国外很多地方，华为很长时间在赔钱，但他仍然去做。在市场判断上，任正非是很清楚的。第一，海外是大市场。第二，回报率高、回款快。"最终，"走向世界"成了华为一个很大的特点。

这条路上的突围更不容易。2003年，华为开始争取英国电信的项目。当英国电信负责采购的人员看到华为的标书时，感到非常惊讶，"一个从没听说过名字的机构怎么突然拿了一个标书给我？"在这样极端被动的情况下，华为还是在争取。因为制定了详尽的后期服务方案，综合指标比其他几个竞标方都好，华为最终获得了订单。

在欧洲，为保证设备出故障时能得到抢修，华为工作人员24小时开机，随叫随到；在非洲、东南亚、南美洲的许多偏僻乡镇，华为员工和当地部落酋长、地方势力、非政府武装民兵等交涉谈判；2011年日本发生大地震引发福岛核泄漏，众多公司纷纷逃离震区，只有华为员工冒着危险，抢修通信设备……凭借这样的精神，在欧洲电信商的家门口，华为拿下了法国、德国的大批电信合同；在亚洲，华为赢得了普通日本人的感激，一名经历地震的日本人在信中称，对于孟晚舟遭拘捕一事，他感到"非常悲伤"，他说"孟晚舟是我的恩人"；在南美丛林和非洲大漠，华为依靠过硬的技术保障人们通信无阻碍。英国《金融时报》惊呼，中国的华为正在改写全球电信业的生存规则。

这次接受采访，任正非以另一种形式表达他对海外市场的坚持："对于欧美国家，我们有很多东西，最终他们非买不可。"他哈哈大笑，"但是我们一定会卖给他们，我们不会计较他们曾经拒绝过我们。我们是市场经济，我们是以客户为中心的。"

华为的"文化教员"

华为是任正非"一手带大"的。30多年来，他希望华为保有初创时期的精神；他自身的性格也影响着华为人。

"太空床垫枕头——华为员工特别优惠！""凭华为工卡七五折，团购七折。"常有经销商在网上挂出这种针对华为的广告。华为员工的办公桌旁，确实常放着一个床垫。"非常忙，他们加班到很晚往往就拿个床垫在自己的办公室睡觉，有时候吃住都在办公室，一星期甚至十几天不下楼的都有。"有知情人士说。

华为推行的床垫文化，是任正非认可的，这是华为一直坚持的拼搏精神。他在一次谈话中提到华为的床垫文化，不无骄傲地说："沙特阿拉伯商务大臣来参观时，发现我们办公室柜子上都是床垫，然后把他的所有随员都带进去听我们解释这床垫是干什么用的，他认为一个国家要富裕起来就要有这样的奋斗精神。"

在华为，任正非看不上那些没有做好本职工作就提出远大理想、宏伟计划的员工。华为总部曾贴过这样一条标语：简单的事重复做，你就是专家，重复的事情用心做，你就是赢家。曾经有一名新员工，一进公司就向任正非写了一封"万言书"，洋洋洒洒，热情洋溢。但任正非在一次大会上说："这个人如果病了，他很可能是精神病，应该送去精神病医院；如果他没有病，那么他应该辞职。"他接着说，"公司永远不会提拔一个没有基层经验的人做高级领导工作。要有系统、有分析地提出您的建议，您是一个有文化者，草率的提议，对您是不负责任的，也浪费了别人的时间。特别是新来者，不要下车伊始，哇啦哇啦；要深入地分析，找出一个环节的问题，找到解决的办法，踏踏实实地一点一点地去做，不要哗众取宠。"

在很多华为的高层职员眼中，任正非是个"严父"。有一次，一名副总写了一份报告，呈交给任正非。任正非当面看完之后，把报告甩在地上，用脚踩了两下，说："这算什么报告，简直狗屁不通。"当时办公室里还有其他人，搞得这名副总下不来台。

做一些重大决策时，任正非更是说一不二。1997年，华为引入IBM公司的一套流程和管理体系，其中包括集成化产品开发（IPD）管理、集成化供应链(ISC)管理等。这对华为来说是一场震动式的变革，一次内部管理的艰难突围。时任华为副总裁的徐直军说："这其实是一场组织变革。有权的人变没权了，权大的人变得权小了，不受制约的权力变得有约束了。"可以想见，这套管理体系一开始推行得并不顺利。

在IPD动员大会上，任正非疾言厉色："首先，要打击一知半解的标新立异者，清除不思进取的懈怠者……我们让大家去穿一双'美国鞋'，让美国顾问告诉我们'美国鞋'是什么样子的，到中国后，鞋是不是可以变一点？现在只有顾问有这个权力变，我们没有这个权力……那些长期不能理解IPD改革内涵的人，请他出去。我们这个（核心）小组不是终身制，我想能不能一个月清理一次名单，一个月发一次任命，我一年给你签12次字，每一次都是免费的！"

矛盾的是，在一些普通员工眼里，任正非又是一个体贴的家长。彭剑锋回忆，任正非曾跟在非洲工作的员工做了一次谈话，主题叫作"关爱生命，从自己做起"。"他说，你一遇到劫匪赶快'缴枪不杀'，生命是最重要的！"他发现在非洲的员工生活条件恶劣，很多人被蚊子咬得满身包。后来他在美国发现一种军队用的驱蚊器，就买回来亲自做实验，然后再大批量发给非洲的员工用。

这些年，华为员工读过数百封"总裁办电子邮件"。在这些邮件里，任正非讲的基本上是思想上的事，用他自己的话说：我不过是华为的"文化教员"而已，"我20年主要是务虚，务虚占七成，务实占三成"。这个"务虚"的"文化教员"塑造了华为的性格，坚韧、务实……同样，也塑造了华为的"沉默"。

在《华为的冬天》一文中，任正非希望全体员工都要低调、本分："不管遇到任何问题，我们的员工都要坚定不移地保持安静，听党的话，跟政府走。严格自律，不该说的话不要乱说……当社会上根本认不出你是华为人的时候，你就是华为人；当这个社会认出你是华为人的时候，你就不是华为人，因为你的修炼还不到家。"

2005年的央视春晚上，一个名叫《千手观音》的节目大放异彩，身在深圳的任正非被这个节目感动得热泪盈眶。他随后提出，要在华为推行一种全新的千手观音文化：华为要学习残疾人在艰苦条件下的拼搏精神；残疾人做出的动作丝毫不差，这就是职业化，华为走向国际化需要这种职业化；而且当她们的表演赢得无数鼓掌、欢呼时，她们自己却听不见，因为她们是聋哑人，那么当所有人都认为华为是全国领先企业、世界级企业的时候，华为"要听不见别人的赞扬"，保持平和的心态。

一个没有英雄的华为

2019年2月18日接受BBC专访时，任正非说："他们抓了孟晚舟，可能是抓错人了。他们可能是想，抓了她，华为就会衰落，但我们没有衰落，仍然在继续前进。我们公司已经建立程序规章，再也不用依靠某个人。就算我自己哪天不在了，公司也不会改变前进轨道。"

记者发现，接受一系列采访时，除了公共关系团队，他身边没有其他高管陪同。"他现在已经不是 CEO 了，只是一个董事。"项立刚说，"我的朋友在华为工作，常常看到任正非突然出现在华为一些内部会议现场，有时还说说自己的看法，一会儿又跑到其他的会议现场。现在任正非已经没有具体事务性工作，更多的是去观察、交流、研究，去影响华为的大趋势和大方向。"

一个没有任正非的华为该是什么样的？任正非在数年前就想过这个问题。一位长期在华为从事管理顾问工作的学者说，任正非与大多数企业家有一个区别：很多企业家经过"十月怀胎"诞生了企业这个"婴儿"，并辛勤"哺育"它长大，最后割不断与"子女"在生理和心理上的脐带连接，他们在感情上越来越相信"企业是我生命的一部分，我必须牢牢地把持住它"；任正非则不同，在他的观念里，企业一旦诞生，它便拥有了独立的生命。

2005 年 4 月 28 日，任正非应中共广东省委理论学习中心组之邀，做了"华为公司的核心价值观"的专题报告，其中就有这样一段话：

"管理就像长江一样，我们修好堤坝让水在里面自由流淌，管它晚上流，白天流。晚上我睡觉，但水还自动流。水流到海里，蒸发成空气，雪落在喜马拉雅山，又化成水，流到长江，长江又流到海，海水又蒸发。这样的循环多了以后，它就忘了一个还在岸上喊'逝者如斯夫'的人，一个'圣者'。它忘了这个'圣者'，只管自己流。这个'圣者'是谁？就是企业家。企业家在这个企业没有太大作用的时候，就是这个企业最有生命力的时候。所以企业家还具有很高威望，大家都崇拜他的时候，就是企业最没有希望、最危险的时候。"

任正非又为一个没有他的华为做了哪些准备？

这些年，他一直跟公司高管传达一种思想——"任何一个希望自己在流程中贡献最大、青史留名的人，一定会成为流程的阻力"。

2018年，改革开放40周年之际，党中央、国务院授予100名同志"改革先锋"称号，其中没有任正非。后来，他承认自己主动向深圳市委、市政府申请放弃这个称号。他不希望华为的领导者有当英雄的想法："一个没有英雄的公司是一个最好的公司，过去是靠英雄打下这份基业，现在是靠流程、靠平台，不再是靠一个能人。"

早在1997年，华为就开始做一系列的管理制度改革。任正非说："哪一天把华为烧没了，你们'带着嫁妆，带着你们的妹妹'都走了，但只要制度和流程在，我们就可以再造一个华为……"

在CEO人选上，他也做了准备。2011年，任正非在《一江春水向东流》一文中专门谈交接班问题。他说："文化的交接班，制度的交接班，这些年一直在进行着，从没有停歇过。"那时华为已经开始执行轮值主席制度，由8名领导轮值，每人半年，最后又演变到轮值CEO制度。任正非仔细斟酌过轮值CEO制度的好处："每个轮值者，在一段时间里，担负了公司COO（首席运营官）的职责，不仅要处理日常事务，而且要为高层会议准备、起草文件，大大地锻炼了他们。同时，他们还不得不削小屁股，否则就达不到别人对他的决议的拥护。这样他就将他管辖的部门，带入了全局利益的平衡，公司的山头无意中便削平了。"

当这一切都做好了，有记者问任正非：下一个倒下的会不会是华为？他的回答却是："一定。"很多公司都在宣誓做"百年老店"，任正非意识到其中的艰难。他说："曾经有首长说要总结一下华为公司的机制，我说首长您别总结，前20年是积极进步的，这10年是退步的，为什么？就是人们有钱就开始惰怠了，派他去艰苦地方就不愿意去了，艰苦工作也不愿意干了。如何能够祛除惰怠，对我们来说是挑战。所以我们强调自我批判，就是通过自我批判来逐渐祛除自我惰怠，但我认为并不容易，革自己的命比革别人的命要难得多得多。"

任正非带领华为埋头苦干，完成一次次的突围和飞跃。但终有一日，任正非会离开华为，彼时谁会成为华为的精神领袖，他会把华为和华为精神交给什么样的人？这是等待任正非的最后一场突围，也许是难度更大的突围，而我们对稳健又严厉、平和又执着的任正非抱以信心。

从慈父到严父

华为副董事长、首席财务官孟晚舟2018年12月被迫滞留加拿大后，父亲任正非时不时会给这个长女打打电话。他在电话里并没有和女儿讲太多工作上的事，而是"讲讲笑话"。这个举动仿佛童年时光的再现。据孟晚舟回忆，在她很小的时候，"爸爸只要一有空就会把我放在膝上，给我讲董存瑞、杨靖宇、刘胡兰、王二小的故事，大概是希望我能成长为一个坚强的女孩"。

任正非当过基建工程兵，是军人出身，不仅在华为常用"打仗"做比喻，在家里也希望子女成为独当一面的干将。儿时的孟晚舟"小脑袋里总在想"：要是能打仗该多好，我也可以成为秋瑾阿姨一样的英雄。

有时在高管会上和女儿辩论

1982年1月，时任解放军总参谋长的杨得志传达了中央军委关于撤销基建工程兵的指示。第二年11月，基建工程兵领导机关正式撤销。至此，作为一个兵种的基建工程兵完成了自身的历史使命。整个基建工程兵部队集体转业到中建总公司各个工程局。

任正非当时是副团级技术骨干，部队希望留住他，分配他去一个军事科研基地，还安排他和家人到基地参观。他把两个孩子带到基地。儿子任平看到周围的山区觉得新奇好玩，到处乱跑。大一点的女儿孟晚舟却说："爸爸，这地方好荒凉啊！爸爸，在这里我将来恐怕考不上大学，您要为我的前程负责呀！"后来，任正非决定转业到地方。妻子孟军先他来到深圳南油集团工作，他随后也来到深圳。孟晚舟开始在深圳上小学。

孟晚舟读中学时，任正非工作繁忙，便把女儿送回贵州，由爷爷奶奶照顾。1993年，21岁的孟晚舟入职华为，担任接线生和秘书等基层职务。"我爸说，社会阅历的第一条是对人要有认识，打杂的经历有助于积累这些经验。"孟晚舟在2013年回忆道。

据华为原副总裁刘平回忆，当时的孟晚舟是一个很可爱的女孩。"中学（一说大专）毕业的她在公司前台当接待员。她待人随和，毫无老板女儿的架子。没事时，我们经常在前台和她聊天。她非常勤奋，一边工作，一边读书。"1997年至1998年，她到华中理工大学（今华中科技大学）深造，就读会计专业硕士研究生，随后开始了在华为的财务工作生涯。2011年4月，孟晚舟出任华为首席财务官。

"在高管会议上，我有时候会与他（父亲）和其他高管辩论，喜欢挑战一些事情。在家里我们不太谈工作。他曾经是一位慈父，我妈妈才是严母。在创办华为后，可能是管理一家企业对人的个性要求很高，他现在成了一位严父，我妈妈变成了慈母。现在有些事我们都是先跟我妈说，让她去做我爸的工作。"孟晚舟在2013年说。

孟晚舟曾遭到"严父"的批评。2015年，华为内刊《管理优化报》刊登了一篇名为《一次付款的艰难旅程》的文章，反映向客户预付款时遇到的审批多、流程复杂的问题，引发华为内部员工激烈讨论，也引起任正非的关注。他签发了一封总裁办电子邮件，全体员工可读，开头便是怒气冲冲的按语："据我所知，这不是一个偶然的事件，不知从何时起，财务忘了自己的本职是为业务服务、为作战服务，什么时候变成了颐指气使？皮之不存，毛将焉附。"

面对父亲的批评，女儿用成绩说话。在2017年新年致辞中，孟晚舟不无自豪地说：账务核算已经实现了全球7×24小时循环结账机制，共享中心"日不落"地循环结账，以最快速度支撑着130多个代表处经营数据的及时获取。

孟晚舟掌管的华为财务体系得到任正非的认可。2017年，有人问任正非："华为成功的真正核心点是什么？"任正非说，是财务体系和人力资源体系。华为的财务体系已经形成全球统一的会计核算与审计监控体系，并具有绝对的全球财务系统的领先优势。2018年3月，经持股员工代表会投票选举，孟晚舟出任华为副董事长。

"他们不会进入接班人序列"

"任总的儿子任平就没有他姐姐那么勤奋了。不过他继承了任总的霸气（这也是成为领导人的素质）。"刘平曾回忆说，"有一次是听到他在办公室里大声地给他爸爸打电话，说：'爸，告诉你一个好消息，这次考试我有一门课考了60分。'还有一次，他推荐一位朋友到我们项目组工作，被李一男（华为原副总裁）拒绝，他拍着桌子大骂李一男。"

刘平2009年回忆道，1999年，任正非给刘平打电话说，任平要到华为北京研究所跟刘平学习软件开发。时任华为北京研究所所长的刘平做好了接待准备，但任平后来告诉他，由于在北京外国语学院学英语，没时间到北京研究所学习了。

任平毕业于中国科技大学，后曾在华为市场部、采购部、中试部等多个部门工作。在他离开中试部的时候，中试部负责人李晓涛给任正非写了一份《关于任平在中试部工作的总结》。据刘平回忆，任正非把这份报告转发给所有副总裁，还写了一封感谢信，大意是：任平在公司工作期间，得到大家的帮助和支持，我代表任平向大家表示感谢。

2010年10月，有媒体报道称，任正非为儿子接班逼走董事长孙亚芳。对此，华为发布声明表示，关于高层变动的消息，纯属凭空捏造的谣言，与事实完全不符，是对华为公司的恶意中伤。华为高层也向媒体披露，公司内部一切正常，并没有高层变动事件。直到2018年3月，董事会换届，梁华才接替孙亚芳出任新董事长。

任平行事十分低调，知名度也远不及姐姐，外界对其所知甚少，甚至不知其具体年龄。直至2013年1月，孟晚舟在接受采访时简单介绍说："我弟弟并不在华为技术公司，不参加主营业务。"任平在华为旗下的慧通公司工作。慧通是华为的服务公司，基于华为全球商务活动拓展的需要，慧通为华为提供酒店、机票和会展等服务支持，以降低沟通成本。华为网站目前公布的董事会成员和持股员工代表会成员名单中，都没有任平。

2013年春，任正非签发一封内部邮件，其中写道："廿多年前，有一个人在兰州用背包带，背着小交换机，坐火车到各县、区推广的是我的亲人；在西乡工厂做过半年包装工，穿着裤衩，光着上身钉包装箱，后来又在四川装机搬运货物，损伤了腰椎的是我的亲人……临产前两三天还在上班，产后半月就恢复上班的是我的亲人，他们都是凭自己的劳动，在华为努力工作。他们仅是一个职业经理人员，决不会进入接班人的序列……华为的接班人，要具有全球市场格局的视野，交易、服务目标执行的能力；以及对新技术与客户需求的深刻理解，而且具有不故步自封的能力……这些能力我的家人都不具备，因此，他们永远不会进入接班人序列。"2019年2月，任正非在接受英国广播公司采访时又谈道，孟晚舟"永生永世不可能做接班人，因为她没有技术背景"。

破例出镜力挺"掌上明珠"

更加神秘的是任正非的小女儿。

2018年11月24日，一年一度的巴黎名媛舞会在当地香格里拉大酒店举行，一个叫"Annabel Yao"的女孩受邀参加。她就是任正非的小女儿姚安娜，被称为任正非的掌上明珠。她的母亲是任正非第二任妻子姚凌。

巴黎名媛舞会又叫"名门少女成年舞会",是世界备受瞩目的社交活动。舞会开始前,法国媒体《巴黎竞赛画报》用长达6版的篇幅报道了姚安娜和她的家庭背景、成长经历,并且特别强调,姚安娜参加这次活动是经过任正非同意的。任正非为了女儿,也接受了《巴黎竞赛画报》拍摄全家福的请求。照片中,姚安娜坐在一架钢琴旁,父母站在她两侧。母亲垂手而立,任正非着正装,右手插进裤袋,左手搭在女儿肩膀上,举止间透露着父女间的亲密。对极少与媒体打交道的任正非而言,此次全家出镜,体现了他对小女儿格外的疼爱。

正因这次出镜,世人始知任正非还有个小女儿。

据法国媒体报道,姚安娜5岁便开始学习钢琴、书画、音乐等。9岁进入上海的国际学校,学习芭蕾舞。2015年底,她被哈佛大学录取,成为2016级的本科新生,就读计算机科学和统计数据专业。这个专业无疑与华为的业务十分对口。姚安娜曾到哈佛大学校园内的一家科技公司实习,这家公司为截肢患者研制电动手臂。

专业课程之外,姚安娜坚持每周跳15个小时的芭蕾舞。"在我大学所在的波士顿,我的日常活动很简单。周一到周五,我上午和下午都在上课。下课后,我回到宿舍完成功课和各类集体作业。晚上,当我不参加芭蕾舞训练时,就会去健身房。深夜,我继续学习。我想向世人证明,虽然出身于一个优越的家庭,但要达到一个良好的水平,仍需要很多的努力。此外,我并不是为了完美而完美。我的目标是让世界变成一个更美好的地方。"姚安娜说。

读大一时,姚安娜担任"哈佛中国论坛"组委会市场部负责人,大二任组委会财务部负责人,这又与任正非一向强调华为财务体系的重要性是吻合的。

3个子女都不在任正非身边生活，这位父亲并没有什么怨言。他在近期接受采访时说："每个人都有一个小家庭，都会以小家庭为中心。我的小女儿放学回国到我们家住一晚，第二天就飞走了。大女儿还好一点，还能看一看。我觉得儿女最重要的是他们翅膀要硬，他们要自由去飞翔。"

"别人不学，你要学，不要随大流"

女儿的拼劲颇似父亲和祖父母。

新中国成立后，任正非的父亲任摩逊一直投身于教育事业，相继担任过贵州多所学校的校长。母亲程远昭也是一名中学教师，工作之余还要照顾大儿子任正非和他的6个弟弟妹妹的生活起居，"放下粉笔就要和煤球为伍，买菜、做饭、洗衣……又要自修文化，完成自己的教学任务，最后被评为中学的高级教师"。

那时候，父母为了省钱，专门买死鱼、死虾吃；晚上才出去买菜，因为白天卖不掉的菜，到了晚上会便宜一些。"爸爸有时还有机会参加会议，适当改善一下生活。而妈妈那么卑微，不仅要同别的人一样工作，而且还要负担7个孩子的培养、生活。煮饭、洗衣、修煤灶……什么都干，消耗这么大，自己却从不多吃一口。我们家当时是每餐实行严格分饭制，控制所有人欲望的配给制，保证人人都能活下来。不是这样，总会有一个、两个弟妹活不到今天。我真正能理解活下去这句话的含义。"任正非回忆道。

1963年，任正非就读于重庆建筑工程学院，毕业后被分配到一家建筑工程单位。1967年,任正非从重庆回到贵州看望父母。这时,"文革"已经开始,诸多领域的工作陷于停滞,有的地方甚至出现武斗。父母来不及心疼儿子,让他第二天一早就返回重庆。临走时父亲说:"记住知识就是力量,别人不学,你要学,不要随大流。"任正非回忆道:"背负着这种重托,我在重庆'枪林弹雨'的环境下,将樊映川的高等数学习题集从头到尾做了两遍,学习了许多逻辑学、哲学知识。还自学了三门外语,当时已到可以阅读大学课本的程度。"

除任正非读过大学外,"其他弟妹有些高中、初中、高小、初小都没读完,他们后来适应人生的技能,都是自学来的。从现在回顾来看,物质的艰苦生活以及心灵的磨难是我们后来人生的一种成熟的宝贵财富。"任正非回忆道。

1974年,任正非应征入伍,仍然勤奋学习,钻研技术,"两次填补过国家空白,又有技术发明创造"。"文革"结束后,他成了"奖励'暴发户'""标兵、功臣……部队与地方的奖励排山倒海式地压过来"。这也成就了他日后创建华为的技术功底。父亲曾叮嘱他:"以后有能力要帮助弟妹。"如今,任正非的弟弟任树录是华为常务监事、首席后勤官。

随着事业的发展,任正非出差越来越多,见不到父母,只好打电话。母亲总唠叨:"你又出差了""非非你的身体还不如我好呢""非非你的皱纹比妈妈还多呢""非非你走路还不如我呢,你年纪轻轻就这么多病""非非,糖尿病参加宴会多了,坏得更快呢,你的心脏又不好"……2001年1月,在父亲去世6年后,74岁的母亲去世。去世前两个月,她还对任正非的妹妹说,存了几万元钱,以后留着救你哥哥,他总不会永远都好。

如今，任正非也到了母亲唠叨那些话时的年龄。虽然他嘴上说要让孩子们展翅高飞，可又有哪个当父母的不牵挂着孩子的健康、平安呢？

任正非笑谈天下事

与媒体保持距离，是任正非多年前立下的规矩。2000年，华为销售额220亿元，利润29亿元，居全国电子百强之首，任正非却写出《华为的冬天》，大谈危机与失败，发人深省。他在文中告诫员工，要尊重媒体的运作规律，不要参与、不要争论，对待表扬不能浮躁，对待误解学会容忍。"对待媒体的态度，希望全体员工都要低调，因为我们不是上市公司，所以我们不需要公示社会。"

从2013年首次接受新西兰媒体采访开始，任正非接受媒体采访的次数屈指可数。不过在2019年年初，他在三天内密集接受了国内外数十家媒体采访。有电视记者向任正非表达担忧："外界有人说，现在华为可能是从公司成立以来最艰难、最危急的时候。"但任正非边说边比画，对华为的现状非常乐观，"华为今年（2019年营业额）至少增长20%，每一个部门都跃跃欲试。"同所有七旬老人一样，他大笑时眼角的褶皱会堆在一起，夹杂着点点老年斑，而就在这张坚毅的笑脸背后，人们看到了华为在危机中砥砺前行的信心。

谈反全球化浪潮——东方不亮西方亮

记者：华为对反全球化浪潮所做的最坏的预案是什么？

任正非：外面的变化对我们没有这么大的影响。因为我们有信心，我们的产品做得比别人都好，让别人不想买都不行。……当然，他可以不买，那就要付出非常昂贵的成本来建设另外的网络。我们在技术上的突破，也为我们的市场创造了更多机会，带来更多生存支点。所以，我们没有像外界想象中的那么担忧。

记者：是否担心美国扼杀华为？

任正非：美国没办法扼杀我们，世界不能离开我们，因为我们（跟竞争对手比）更先进。即使他们说服了更多国家暂时不要使用我们的设备，我们也可以随时缩减规模。而且，正因为美国对我们处处针对、挑刺，这反而使我们提升了自己的产品和服务水平。

记者：如果美国成功对许多西方国家施压，让他们把华为的设备拒之门外，这会对您的企业有什么影响？

任正非：东方不亮西方亮，黑了北方有南方。美国并不代表世界，美国只代表世界的一部分。

记者：在欧洲越来越有保护主义呼声崛起，特别是针对中国，针对电信企业，您是否担忧？对华为是否有影响？

任正非：我对任何一种保护都不担忧。谁也阻挡不了这个社会变成信息社会。信息流的增长速度，非常非常地快，并不以人们意志为转移。当流量越来越大时，主要是看谁能解决疏导这些流量的问题。我认为只要有流量就有希望。当前在疏导流量方面华为能力是强的。

所以你愿意不愿意，可能都要采用华为的设备。我们不能保证别的企业以后不会超过华为。我们在组织上变革就是要使华为的人永远保持青春活力，保持和新兴公司竞争的能力。

谈基础研究——抢占更重要的制高点

记者：为什么一家民营公司，在研究自己产品的同时，还要下这么大力气，加大基础研究？

任正非：过去那种产学研分工模式不适应现代社会，我们不可能等科学家们按照程序做完，所以我们自己培养了大量的科学家。构建这么一个研发系统，可以让我们快速赶上时代的进步，抢占更重要的制高点。

记者：假如基础研究的钱投了很多，但是见不到成果怎么办？

任正非：科研上的不成功，其实也培养了人才。我们一个小伙子到瑞典两年，领导了一批科学家，在半导体上（实现了）突破，这是人类社会重大突破。

谈公司发展——用最优秀的人培养更优秀的人

记者：2014年，您说"华为有什么神秘的？揭开面纱就是皱纹"。现在5年过去了，您觉得华为的面纱真正揭开了吗？现在国际上质疑的声音好像更多了。

任正非：那就是皱纹更多了。因为半径越大，问题越多。如果我们缩到小小的一点，像农民种地一样，只有土豆这么大，外界都看清了，那谁也不会质疑。半径越大，越看不清，未来10—20年之后的探索我们更加看不清，所以大家的质疑会多一些，但是质疑并不等于有多大问题。另外，质疑也是有价值的，科学家天生就喜欢怀疑，要不他们怎么会发现新东西呢？他不相信，就会有新发现，所以质疑本身也是前进过程中必然伴随的副产品。

在这个重要的历史转折时期，华为只能把自己管好，不能去管别人，所以我们就大量投入资金往前冲。刚才央视记者问我"你们赚的钱很少，为什么科研投入会有那么多"，比如今年（2018年）我们利润是90多亿美元，但是科研投入150亿—200亿美元。其实这150亿美元哪里是我们投的，都是成本，实际上还是客户投的。客户给我们的钱，不是产生利润，而是产生投入。

我们为什么要走在前面？新技术进入时代的周期变短了。过去是等到科学家做方程，经过五六十年，终于发现这些方程有用。从电磁理论，又经过五六十年，发现电磁理论可以用于无线电；又经过了几十年……今天已经不可能了，这个过程缩短非常厉害，即使不能叫毫秒级，也是极短级。如果我们还是等着产业分工，不进入基础研究，就有可能落后于时代。

中国是一个人口大国，如果变成人才大国，我们与别人的竞争才更加有信心，因此，小学教师应该要得到更多的尊重。当然，今天教师待遇已经比过去好很多了，但还要让教师成为最光荣的职业，国家未来才有希望，才能在世界竞技中获得成功。

记者：您提出基础教育这个议题，是希望能够给社会一个警示吗？

任正非：我认为，社会就是应该有口号"用最优秀的人去培养更优秀的人""我们再穷也不能穷老师"。

记者：您打算为这个事情做点什么？

任正非：我们把华为公司做好，就给大家做了一个榜样。华为有什么？一无所有！华为既没有背景，也没有资源，除了人的脑袋之外，一无所有。我们就是把一批中国人和一些外国人的脑袋集合起来，达到了今天的成就，就证明教育是伟大的。

谈企业文化——华为文化来自中国五千年文明，也来自共产党文化

记者：华为公司的名字是您建立之初就起的，还是后来起的？华为是中国繁荣的意思？

任正非：我们当初注册公司时，起不出名字来，看着墙上"中华有为"标语响亮就拿来起名字了，有极大的随意性。华为这个名字应该是起得不好。因为"华为"的发音是闭口音，不响亮。所以十几年来我们内部一直在争议要不要改掉华为这个名字，大家认为后面这个字应该是开口音，叫得响亮。最终我们确定华为这个名字不改了。我们要教一下外国人怎么发音这个名字，不要老发成"夏威夷"（Hawaii）。

记者：关于管理，华为到现在为止还在不断向西方公司学习，因为西方公司确实在管理上建立了范本，且不说IBM、埃森哲，美国人发明了福特生产法、日本人发明了丰田生产法。它们是流程和方法。

从业绩来看，华为目前是第一了，华为有没有可能在5年、10年之后总结出一套可供同行学习的方法论？

任正非：其实我们总结的方法来自中国五千年的文明，也来自共产党文化。五千年文明讲"童叟无欺"，就是以客户为中心；共产党讲"为人民服务"，也是以客户为中心。我们为客户服务，我想赚你的钱，就要为你服务好。客户是送钱给你的，送你钱的人你为什么不对他好呢？其实我们就这点价值，没有其他东西。

时代变化太快，流程管理都是僵化的，要跟上时代变化。找到一种模式，普适是不可能的。华为实现流程化后，就像一条蛇，蛇头不断随需求摆动，身子每个关节都用流程连接好了。蛇头转过来后，组织管理就能跟得上变化；如果没有流程化，蛇头转过去，后面就断了，为了修复这个断节，成本会很高。流程化就是简化管理，简化服务与成本。

我们是为客户服务，为客户奋斗，去赚客户口袋里的钱。所以华为没有独特的文化，没有超越中国五千年的基础文化。将这种文化精神付诸实施，比如"艰苦奋斗""冲锋在前""不让雷锋穿破袜子"等。

记者：这么多年，华为有很多外国员工，也有很多中国人，华为如何让外国员工融入企业文化？

任正非：首先，我们是中国企业，拥护共产党、热爱祖国是基线。其次，中方员工出国，一定要遵守所在国的法律和道德规则。我们公司有一个法律遵从委员会，还有一个民主选举的道德遵从委员会，来控制员工在国外的行为。外籍员工也要遵守，至少要理解中国。但是在经济化模式上，我们是全球化公司，全世界谁能干，谁就领导公司整体。我们在欧洲、俄罗斯、日本……有几十个能力中心，这些科学家是领导全世界的。所以我们的组织模式就是一个中国公司，但经营模式已经逐级走向全球化了。

记者：您有信仰吗？

任正非：我有信仰，就是信仰现在我们的国家。我们曾经认为资本主义社会可以极大地解放生产力，但是我们发现，社会差距扩大以后，出现的问题，也致使发展停滞。中国正在走一条正确的道路。美国、欧洲、中国三大板块谁先崛起，以前我们也想不清楚。现在想清楚了，中国一定会先崛起。中国遇到的是中短期转型困难，长时间一定会解决的，后面会越来越发展强劲。

谈个人生活——是个宅男，一贯不是个低调的人

记者：您一生为人低调，媒体见得不多，为什么今天您这么做了？

任正非：我一贯不是一个低调的人，否则不可能鼓动十几万华为人。在家我平时都和小孩一起疯。家里读书的小孩经常和我聊天，我很乐意夸夸其谈。我并不是像外面媒体描述的低调的人。

记者：您说您年轻时是从书里了解世界的，都有哪些书？

任正非：看了哪些书我确实是不能回答出来。我实际上是个宅男，没有其他的生活爱好，下班就回家，不是读书就是看电视，看纪录片，看网络。我阅读速度非常快，书读得很多，不知哪本书影响了我，哪件事影响了我，思想是怎么生成的。我脑袋里产生的想法我也找不到源头在哪儿。

任正非金句

谈企业发展

这些年来我天天思考的都是失败,对成功视而不见,也没有什么荣誉感、自豪感,有的只是危机感。

——《华为的冬天》

许多领导世界潮流的技术,虽然是万米赛跑的领跑者,却不一定是赢家,反而为"清洗盐碱地"和推广新技术而付出大量的成本。但是企业没有先进技术也不行,华为的观点是,在产品技术创新上,华为要保持技术领先,但只能是领先竞争对手半步,领先三步就会成为"先烈",明确将技术导向战略转为客户需求导向战略。

——《任正非:华为公司的核心价值观》

大量的无形资产在组合中才能发挥作用,对我们的企业来说,只要我们的结构不散,组织不垮,前面烧掉的钱就会变成所有后来的无形财富,这些都是我们的增值财富。

——《华为的红旗到底能打多久》

华为如何打赢一仗,胜利是我们奋斗的目标,研发不要讲故事、要预算,已经几年的不能称雄的产品线要关闭,做齐产品线的思想是错的,应是做优我们的产品线,发挥我们的优势,形成一把"尖刀"。

——《万里长江水腾向海洋——任正非在武汉研究所的讲话》

谈企业管理

我们需要组织创新,组织创新的最大特点在于不是一个个人英雄行为,而是要经过组织试验、评议、审查之后的规范化创新。

——《任正非:一个职业管理者的责任和使命》

我们有务虚和务实两套领导班子,只有少数高层才是务虚的班子,基层都是务实的,不能务虚。

——《华为的红旗到底能打多久》

谈企业文化

我们不管身处何处,我们要看着太平洋的海啸,要盯着大西洋的风,理解上甘岭的艰难,要跟着沸腾的万里长江水,一同去远方、去战场、去胜利。

——《万里长江水腾向海洋——任正非在武汉研究所的讲话》

华为的企业文化是建立在国家文化的基础上的。只有站在国家的角度去思考问题,才是真正的中国人。

——《思想权和文化权是企业最大管理权》

谈干部任用

一个部门领导没有犯过什么错误，但人均效益没有增长，他应该下台了。另一个部门的领导犯过一些错误，当然不是品德错误，而是大胆工作，大胆承担责任，缺经验而产生的错误，而人均效益增长，他应该受到重视。若他犯的错误，是集体讨论过的，错了以后又及时纠正了，他应该受到提拔。各级干部部门，要防止明哲保身的干部被晋升。

——《华为的红旗到底能打多久》

进入公司以后，学历、资历自动消失，一切根据实际能力、承担的责任来考核识别干部。

——《华为的红旗到底能打多久》

谈员工发展

"不舒适"是永恒的，"舒适"只是偶然。在不舒适的环境中学会生存，才能形成健全的人格。

——《任正非与财经体系员工座谈纪要》

成功是一个讨厌的教员，它诱使聪明人认为他们不会失败，它不是一位引导我们走向未来的可靠的向导。

——《反骄破满，在思想上艰苦奋斗》

要重视普通员工，普通岗位的培训。要苦练基本功，培养过硬的钳工、电工、厨工、库工、工程师、秘书、计划员、统计员、业务经理……每一个人、每一件工作都有基本功。

——《反骄破满，在思想上艰苦奋斗》

古人云"三人行，必有我师焉"。这三人中，其中有一人是竞争对手，还有一人是敢于批评我们设备问题的客户，另一人就是敢于直言的下属、真诚批评的同事、严格要求的领导。

——《为什么要自我批评》

农村的养猪能手、种田能手很可能是爱因斯坦胚子，只是没有受到系统的教育。要重视对人的研究，让他在集体奋斗的大环境中，去充分释放潜能，更有力、有序地推动公司前进。

——《任正非：向中国电信调研团的汇报》

(文/崔传刚 王媛媛 田亮，

采访根据央视新闻、环球网、华为心声社区等公开发布信息整理，

金句杨学义整理)

宗庆后：一门心思做好主业

我是从底层崛起的凡人

2024年2月25日，娃哈哈集团创始人、董事长宗庆后，因病医治无效，享年79岁。他42岁创办娃哈哈，从一穷二白到中国首富，年过古稀仍每天工作16个小时。

宗庆后，1945年出生于浙江杭州，1987年创立杭州上城区校办企业经销部，1991年成立娃哈哈食品集团公司，生前任杭州娃哈哈集团有限公司董事长兼总经理。

杭州清泰街160号，立着一座已有些年代感的六层小楼，娃哈哈的前身——杭州上城区校办企业经销部就是在这里起家的。他每天7点上班，晚上11点下班，经常住在办公室。在2018年接受《环球人物》记者采访的前一天晚上，他就睡在办公室。采访当天早晨，记者8点到达他的办公室时，他已经开始了一天的工作。

15 年的"魔鬼历练"

改革开放以来,浙江这片土地上涌现的民营企业家灿若星辰。有人用"四个千万"概括浙商精神:走遍千山万水,历尽千辛万苦,道出千言万语,想出千方万法。浙商以勤奋著称,而宗庆后的勤奋,在浙商里又是出了名的。他每天工作16个小时以上,没有节假日;一年当中,有超过200天的时间奔走在全国各地的生产基地和一线市场。他像一部永不知疲倦的马达,时刻在满负荷运转着,以保持对市场的敏锐洞察。

在 2018 年接受记者采访时,宗庆后依然精神矍铄,反应敏捷,维持着高强度的工作节奏。在他自己看来,这离不开年轻时经受的 15 年"魔鬼历练"打下的基础。

宗庆后出生在旧中国,幼时随父母颠沛流离,成长于物质极度匮乏的年代,青年时期又赶上"上山下乡",经历了一段艰苦的岁月。

尽管从小学习成绩优异,但初中毕业后,懂事的他迫于家境困窘,不得不辍学,干起了谋生的小买卖。他曾走街串巷叫卖爆炒米,也曾在寒冷的冬夜到火车站卖煮红薯,虽然挣到了一些钱补贴家用,但这并不是他想要的人生。

他本打算报考不要学费还能发给津贴的师范学校,无奈因不是贫下中农出身被拒之门外。直到 1963 年,宗庆后听到消息,说舟山马目农场正在杭州招收知识青年,不论家庭成分,谁都可以报名参加。这对于当时的宗庆后来说,几乎是唯一改变命运的机会。他紧紧抓住了这根"救命稻草"。

马目农场是一个荒无人烟、寸草不生的地方，本是关押犯人的劳改所，被称为"舟山西伯利亚"。农场里的日常工作就是超负荷的体力劳动，不是挖沟修坝，就是拉土堆石，大多数城里来的年轻人都难以承受，有人晚上偷偷躲在被窝里哭，还有人索性当了"逃兵"。18岁的宗庆后却选择了默默忍耐，以一颗倔强的心坚持了下来，还被评为舟山地区的"上山下乡积极分子"。

一年后，马目农场收缩，宗庆后辗转来到绍兴茶场，一样的高强度体力劳动，种茶、割稻、造地，甚至开山打石，他一干就是14年。

在早年采访中谈起那段艰苦的岁月，他告诉《环球人物》记者，这段经历于他而言最大的好处便是练就了强健的体魄，锻造了坚不可摧的意志。

这段历练带来的宝贵财富贯穿了他的整个创业历程。娃哈哈刚生产果奶的时候，热销得不得了，有一次装货的工人不够了，来不及发货。宗庆后过去一看，二话不说，把外套一脱，就冲了上去，装完货，浑身像水洗了一样。多年后，在那场轰动国际的"达娃大战"中，宗庆后在跨国公司达能时任总裁扬言要让其"在法律诉讼中度过余生"的威胁之下，以超强的心理承受能力和意志力绝地反击，最终赢得了这场持续两年半的战争，保卫了民族品牌的尊严。

用脚丈量中国市场

"我是一个普通人，从底层崛起的凡人。幸运的是，我生于一个大时代。"宗庆后在自己的传记中这样写道。

1978年是中国的改革开放元年，也是宗庆后人生的转折点。在经历了 15 年的下乡劳动之后，这一年，33 岁的宗庆后回到杭州，接替退休的母亲，进了杭州工农校办纸箱厂做推销员，从此在校办工厂工作了 10 年。正是这段经历的磨炼，为他以后从零开始创办娃哈哈打下了坚实的基础。

当时，北京已经传出了"改革开放"的消息，但形势还不甚明朗。"那个时候还没有明确个人可以搞企业，温州那边（浙南模式）也还没有起来，还只是有些人在搞一点小生意。"但宗庆后已经预感到，一场变革正酝酿而生。他必须为此做好准备。

在校办工厂的 10 年间，他做过推销员，也办过电扇厂、电表厂。他曾蹬着三轮车到处送货，背着几台落地电扇挤在绿皮火车上，在天涯海角斗智斗勇追款讨债，在简陋的招待所里打地铺，在广交会大门外摆地摊。"我用脚来丈量中国的市场，深入穷乡僻壤、犄角旮旯，'中国市场地图'就是这样在水里火里、摸爬滚打中摸透的。"后来，他将之称为创办娃哈哈的"秘密武器"。

在他 42 岁那年，机会终于来了，而他也已经准备好。当时，杭州市上城区文教局要对下属的校办企业经销部采用承包经营的方式，并公开选拔经销部负责人。宗庆后毛遂自荐，夸下了当年创利 10 万元的"海口"。而文教局要求的当年创利指标仅为 4 万元，按人均创利标准计算也已经远超当时国企的人均利润指标。"当时大家都觉得不可思议，但其实我心里是有底的。"这底气，就来自在校办工厂做推销员、办厂中厂的磨砺与积累。

在之后的三十余年，宗庆后从蹬三轮车送校簿、卖冰棍开始，将这个只有 3 个人的校办企业经销部打造成拥有 3 万余名员工的中国食品饮料行业巨头，品牌价值超过 500 亿元。多年来，他亲力亲为，公司几乎所有重大市场决策都是他一人拍板，出差在外的日子，办公室每天晚上要给他发送几十份工作传真，他再用电话做批示或者签字回传，遥控指挥公司的各项事务。

"都说我在娃哈哈大权独揽，这一点说得对。第一代民营企业家都有点这样，不集权内耗太大，根本做不起来，这是时代造成的。"

只有实业做强了，中国才会强大

从 2010 年首次登上胡润全球百富榜中国内地富豪榜"首富"的宝座开始，宗庆后在之后的四年间三次问鼎该榜单。而在 2014—2018 年期间，这一"首富"宝座却在房地产商和互联网公司的创始人之间来回更迭。在互联网经济席卷世界，人工智能、物联网、新零售等一批新概念的冲击之下，娃哈哈这一传统的民族品牌似乎显得有些"落伍"。

"有人说娃哈哈走下坡路了，您认为呢？"记者在 2018 年采访宗庆后时问。

"2015 年和 2016 年下坡路确实走得厉害。"宗庆后并没有避讳。他向记者强调，这并不是因为娃哈哈"落伍"了，而是因为网络谣言带来的负面影响。2014 年，关于营养快线、爽歪歪"风干后变凝胶""导致白血病""含肉毒杆菌"等一系列网络谣言迅猛传播，引发了消费者对娃哈哈产品的恐慌情绪。而这两种产品恰恰是娃哈哈的两大主打产品，单是营养快线一年的销量就达到 4 亿箱。

"谣言出来后，营养快线销量下降了 1.5 亿箱，爽歪歪下降了 8000 万箱。"宗庆后认为，这是导致娃哈哈近年业绩下滑的主要原因。但经过了这一波谣言的"洗礼",宗庆后对娃哈哈的品牌和产品也更加坚定了信心。"日本最有名的饮品出现质量问题后就倒闭了,当年三株口服液在湖南的官司纠纷也直接导致了它的消亡。娃哈哈虽然受到谣言影响,但总算活下来了。这证明我们这个品牌还是可以的,换个企业的话早就倒掉了。"

事实上,创业30多年来,资金充沛的娃哈哈之所以始终专注主业,既没有投身房地产,也不涉及金融,并不是因为跟不上时代潮流,而是源自宗庆后的实业情怀。"实体经济是创造财富的经济,没有实体经济搞什么都搞不好。清朝末期我们就提出来要实业救国,实业不发展的话国家就不会发展,老百姓也不会富裕起来。"

心直口快的宗庆后曾在多个场合提出警告,中国经济近年来存在"脱实向虚"的问题。"过多投入房地产以后,回过头来再想好好做企业是很困难的。因为房地产是暴利,实体经济不可能有那么大的利润。很多实体企业遇到困难是因为它不专心,没有专注地去提高自身的技术水平和装备水平,没有开创新的产品。"

他希望年轻一代的企业家、创业者能更多地专注于实业,只有实业做强了,中国才会真正强大。"娃哈哈这么多年一直坚持实业,相信实业真正创造财富,而资本运作只是通过虚拟将财富再分配,而非创造财富。如果大家都去分配财富,而没有人去创造财富,那国家就垮掉了。"

"中国经济永远不会差"

创业至今,最令宗庆后自豪的不是家族财富的积累,也不是"首富"的光环,而是为国家、为社会所做出的贡献。"我交税就交了500多亿元,我们的经销商、批发商也很多,为社会提供了很多就业岗位。"

早在 1994 年,娃哈哈就在西部贫困地区投资办厂,走上了产业投入、实业扶贫的路子。截至 2017 年底,娃哈哈集团先后在重庆涪陵、四川广元、湖北红安等 17 个省市投资 85 亿元,建立了 71 家分公司,吸纳当地就业近 1.3 万人,有力拉动了当地经济和社会的发展,还带动了更多企业前去投资。

宗庆后见证并推动了食品饮料行业在中国的发展,"我们的食品饮料行业目前在世界上已经处于领先水平,创造了很多好产品。因为中国人是最会吃、吃得最好的,所以也带动了世界范围内整个行业的发展。比如美国以前饮料品种很单一,就可乐、橙汁、雪碧,现在也有了很多别的种类"。

在宗庆后接受记者采访的当天,恰逢中国 2017 年 GDP 增速数据出炉,据国家统计局公布,2017 年中国 GDP 增速为 6.9%。近几年来,中国的 GDP 增速放缓,经济进入新常态,国际上不乏一些唱衰中国经济的声音出现。作为最深入感受中国经济脉搏的人,宗庆后对这种声音不以为然,"暂时放缓没什么太大的关系,我们的经济还有很大的继续增长的空间"。

"中国的经济永远不会差,因为中国人勤奋、聪明,而且人人都想当老板,人人都想当富豪,所以都在拼命,都在创造财富。政府也鼓励老百姓勤劳致富,会逐渐放开审批权限,给企业营造更好的发展环境,这样经济很快就上来了。"出生于 20 世纪 40 年代的宗庆后,可以说真正见证了中国从"站起来"到"富起来",他相信,"强起来"的这一天并不遥远。

广袤的中国大地上，无数人靠勤劳和智慧改变了命运。宗庆后便是这个大时代里，通过个人奋斗实现人生价值的一个缩影。当他首次问鼎"首富"宝座的时候，曾有人问他为什么会有今日的成就。他回答："其实我并不比别人聪明，我所有的只是一门心思地做成一件事的冲动，并且甘愿为此冒险。我还有'只争朝夕'的精神。"

或许，正是这样一种精神，将一穷二白的中国推向了世界经济的浪潮之巅。

我不想成为一个财富的符号

这位前首富平时吃食堂、没有业余爱好，认为"超过1000万元的财富都应该属于社会"。2018年宗庆后接受了《环球人物》记者的采访。

"宗董事长来了！"听到工作人员提示，才发现宗庆后已经坐在《环球人物》记者对面的座位上。这位中国前首富、拥有千亿身家的娃哈哈集团掌门人，看上去不太起眼：一件中老年人最常穿的藏蓝夹克衫，花白的头发没有任何处理。他两手撑着椅子坐下，看上去略显疲惫。

为"80后""90后"发声

宗庆后向记者回忆，自己是在苦难中度过的童年和青春，但也磨炼出强大的意志力。"那些重压没有压倒我胸中涌动的斗志，心里对未来依旧充满渴望。"

由于出身不好，从1963年到1978年，宗庆后先在农场打工，后来又到茶厂种茶、割稻、喂猪，33岁才回到家乡杭州，顶替母亲进纸箱厂做供销员，跑遍了穷乡僻壤。他直到42岁才开始创业，从蹬三轮卖冰棍干起。那时谁也不会想到，20多年后这位中年男人会成为家喻户晓的中国首富。

"在社会的最底层生活过,你就能体会一切都是为了稻粱谋的心情。这也是我到现在为止，看到农民推着三轮车上坡，就忍不住下车去扶一把的缘故。"当时宗庆后对《环球人物》记者说。于是就不难理解，身为两届全国人大代表的他为何频频为民生疾呼。2016年的两会，他带来了10条议案及建议，尤其关注"80后"和"90后"的生存与发展。

"目前以'80后''90后'为主体的年轻一代普遍面临着巨大的工作和生活压力。有调查显示，当前超过半数的'80后'月收入在3000—6000元，月薪超过1万元的不到两成。现在的年轻人是一套房子就给压得透不过气来。"宗庆后说。他希望政府能保障年轻人每个家庭有一套经济适用房，解决其基本需求。"希望政府在出台房地产去库存政策的时候，能考虑到他们。只有年轻一代能安定生活，才会安心尽责地为企业工作，才能使企业发展得更好。"

会尽力为娃哈哈"女王"做好铺垫

外界总是好奇首富的生活是什么样的，而宗庆后的回答估计会让绝大多数人跌破眼镜。除了特殊场合需要穿西装,他平时只套件夹克衫，脚上穿双布鞋。

有一次出差，天有点儿凉，宗庆后花了19.5元买了套内衣。员工问："老板，你为什么不买套贵点的？"宗庆后说："穿我身上，人家都以为是上千的。"有人统计过,这位首富一年的个人消费不会超过5万元。

宗庆后对饮食没什么讲究,豆腐乳和咸菜是他的最爱。在杭州总部,他一日三餐都在食堂解决;不在杭州的日子,若无商务宴请,一个盒饭就可以打发。他既不打高尔夫,也不玩游艇、帆船、赛马,更不搞收藏,因为"不懂,还容易碰到赝品"。手机对他来说就是打电话,超长待机的最好,直至2017年左右他才开始用智能手机。

就连电影,宗庆后也很长时间没看了。他偶尔看看电视,出差的时候会看电视剧碟片,其中看得最多的是《雍正王朝》和《亮剑》。

宗庆后没有私人飞机。他太忙了,根本没时间旅游。以前出差他都是坐经济舱,现在腰不太好,坐得太挤很难受,才开始坐商务舱。至于外出住的地方,只要能睡觉和洗澡就够了。

很多人都说宗庆后的生活没有质量,他也承认,自己的生活品质还不如一些员工好。"钱都是自己一点一点辛苦挣出来的,真的不太会享受。在我看来,超过1000万元的财富都应该属于社会。我来自底层,懂得底层百姓的生活。"宗庆后说。他艰苦惯了,硬让他过奢侈的生活,他也没办法适应。

这些年,宗庆后放弃了很多私人生活:女儿上学,却不知道她读的是几年级;西湖离公司总部才几里路,创业20多年没有去玩过一次;节假日不是出差就是在办公室,工作常常到深夜,困了、累了就睡在办公室里。

对于女儿宗馥莉,宗庆后既存在愧疚,也存在代沟和文化上的碰撞。在家里,他和妻子施幼珍都称女儿"阿莉";而在娃哈哈集团,宗馥莉私下被称为"公主",也有人叫她"大小姐"。刚进企业时,她跟宗庆后闹意见分歧,被"专制"后,会赌气发起两三天的"冷战"。但慢慢地,宗馥莉逐渐理解了父亲的一些做法与观念,开始认同"家文化",接受不引进"空降兵"和不上市的主张。这些改变令宗庆后欣慰,但他不确定宗馥莉会坚持多久,毕竟她还年轻,会有自己的家庭。宗庆后希望女儿成为幸福的妻子和母亲,他也能够成为幸福的岳父和外公。

"儿孙自有儿孙福,阿莉的未来,我这个当父亲的做不了主。她留过学,思维观念和行为方式有些美国化了,更想做自己喜欢的事情。"宗庆后尽全力为娃哈哈"女王"的诞生做最好的铺垫。但这一切未必会给她带来快乐。

"我没有时间享受"

下面是宗庆后在2018年接受《环球人物》采访实录精选片段。

《环球人物》:有人说是娃哈哈成就了您,您怎么看?

宗庆后:一千个人眼中会有一千个哈姆雷特,那么一千个人眼中也会有一千个娃哈哈。对我来说,娃哈哈是我的整个人生,我希望它成为百年企业,我所能赋予它的,就像李云龙赋予独立团的,那种叫作"灵魂"或"精神"的东西。我成为企业家并非出于本能,也不是真正的性格使然,只是在一个找不到出路的年代,使劲为自己找一条出路。等到年纪大了,回头一看,自己竟然走出了一条路。娃哈哈已经让我实现了人生价值,我要一辈子把它做到底。

《环球人物》:是什么特质成就了您?

宗庆后:天道酬勤。在商业中,我认为勤奋最重要。如果按100

分来测算，勤奋最起码要占七八十分。此外，我比较会创新，比较低调。我的弱点是事无巨细地亲力亲为，大家对我的依赖性比较强，我现在也慢慢地让部下去历练。成功跟悟性有关系。我可能是无师自通的，也没去学人家的什么理论，完全是凭感觉和经验判断一个问题应该怎么解决比较好，怎么管理比较好，自己弄了一套东西，通过实践才知道对错。

《环球人物》：您知道外界对您"特有钱"和"特抠门"的评价吗？

宗庆后：我们都是艰苦创业，一路走过来的，没有外界夸张渲染的那种奢华生活。我们这些人没时间去享受，生怕一享受了、贪图安逸了，企业就搞垮了，而且有些太古怪的东西我们也不敢去经历。我小时候的理想很多，后来被社会现实慢慢修正。有什么机会就抓住什么机会，就像《士兵突击》里的许三多一样，把每个机会都当作救命稻草，牢牢抓在手中。没有理想、没有目标是不行的。

《环球人物》：您怎么看待"首富"这个称号？

宗庆后：世界每天都在改变，"首富"不能代表任何意义。只要娃哈哈矗立在那儿，就意味着我的人生没有虚耗。首富是一个桂冠，但我并不想沦为一个财富的符号。卓越的企业家在价值积累的过程中聚沙成塔，终将完成一个天命，达到"无我""无物"的境界，为这个世界的进步提供建设性的思维模式和解决方案，这才是企业家的价值。

《环球人物》：您曾说企业家是弱势群体，怎么讲？

宗庆后：一开始我们为了自己活命才拼命干，现在积累了一定财富可以回报社会了，资产规模和质量都提升了，但全社会仇富的情绪也起来了。目前个别政府官员也对企业家充满了忌妒，他们有时候会觉得我权力这么大，为什么我的钱没有你赚得多？这致使企业家特别是民营企业家丧失了继续创业的积极性，对经济发展起了负面作用。富人缺乏安全感，你如果不停打压他，他就跑掉；你要去鼓励和引导他，让他为社会做贡献。如果他们都跑了，国家的税收和就业如何解决呢？

《环球人物》：您认为仇富原因是什么？

宗庆后：我发现在美国，富人会受到尊重，很少见到仇富，为什么？因为那里普通老百姓的生活水准跟有钱人差不多，房子车子都有，也不愁吃穿；有钱人吃得稍微好一点，房子稍微大一点。整个社会都认为，有钱人的投资给工薪阶层创造了就业机会。可是在中国不同，有些普通老百姓基本生活需求没有得到很好解决，社会上一些人又渲染仇富心理。人们仇富的心理起来了，富人缺乏安全感，就会拼命移民到国外，把财富也带到国外，这会对中国发展产生不利影响。

《环球人物》：现在国内一些企业家有悲观情绪，您心态如何？

宗庆后：我这人心态比较好。我生命中最快乐的时光，就是把（娃哈哈）这件事做成的这20多年。我除了为国家提供了一个娃哈哈和那么多税收之外，还希望能为国家提供新的观念。有一个宗庆后在这儿，大家就会觉得在中国踏踏实实地做实业，一点一点地积累，还是有希望、有前途的。有一个现成的模式摆在这儿，大家会觉得在中国可以不靠资本市场，不去做 PE 和 VC 也能获得成功。以前大家都觉得做实业赚钱慢，玩资本来钱快，不用那么辛苦。现在大家会觉得，还是踏踏实实做实业，才会成为首富。

（文／王艺锭　刘畅）

鲁冠球：从乡野走向世界的改革先锋

2017年10月底的杭州，钱塘潮水不再汹涌，满城丹桂已然凋落，空气中有了瑟瑟寒意。清晨的寒气还未褪去，萧山区万向路的街头，已经乌压压挤满了人群。他们有的是万向的职工，有的是附近的乡邻，有的专程远道而来，集聚在万向的小礼堂前。鲁冠球的追悼会就在这里举行。

2017年10月25日，中国改革开放第一代民营企业家代表人物之一、万向集团创始人鲁冠球在杭州萧山的家中溘然长逝。霎时，网络上怀念他的文章铺天盖地。有人说，一个时代落幕了。鲁冠球对于这个时代意味着什么？他何以赢得致敬和致哀？《环球人物》记者来到这片他生活了70余年的土地，试图找寻一些答案。

"中国农民的一线希望"

萧山位于钱塘江南岸，与杭州主城一江之隔，其所处的长江三角洲南翼是中国县域经济最活跃的地区之一。鲁冠球便生于斯，长于斯，尽管生意已经做到了大洋彼岸，他却从没有搬离这片土地。如今的萧山，已到处盖起高楼大厦，而他与妻子仍住在一幢1983年修建的农家小楼中。

与鲁冠球打过交道的人，无一不对他那浓浓的萧山乡音印象深刻。第一次接受打造"中国百富榜"的胡润访问时，鲁冠球带了两个翻译，一个先把他的萧山话译成普通话，另一个再译成英文。这个细节，是对鲁冠球自我定位的最佳诠释，"我是一位从乡野走出来的农民企业家"。

农民，曾经是鲁冠球渴望摆脱的身份，最终却成为他贴了一生的标签。

鲁冠球出生于宁围童家塘的乡村，不到9岁就开始干农活，真正尝过"面朝黄土背朝天"的滋味。"靠天吃饭不保险，我以后要当工人赚钱！"15岁时，读初中的鲁冠球选择辍学，经亲戚推荐到县铁业社当打铁学徒。没想到，3年后就因人员精减而被打发回家。"工人梦"破灭了，他回到农村，干起修自行车的营生。还想当工人，怎么办？那就自己创造机会！鲁冠球踏上了创业路。1969年，25岁的他带领6个农民，用全部家当4000元创办了宁围公社农机厂。

杭州电视台原频道总监朱永祥曾因一部电视系列片《8个农民20年》，和鲁冠球有过一段时间的交往。他告诉《环球人物》记者，1998年正值改革开放20周年，当时鲁冠球的知名度就像今天的马云。在国外，他已经被称为"中国农民的一线希望""一位国家级英雄"。这部纪录片的主角是浙江土地上最富首创精神的8位"农民英雄"，鲁冠球是其中一员。

可在拍摄过程中，几位年轻的被拍摄对象对片名里的"农民"二字颇有避讳，强调他们已经不是农民了，希望不要再以"农民"相称。反而是征求鲁冠球的意见时，朱永祥没想到他竟欣然接受："'农民'有什么不好？我本来就是农民！而且我就要在这里把企业做大，走向世界！"

万向前身作为乡镇企业，职工基本上是当地的农民。创业不久，鲁冠球就从每年的利润中拿出一部分给村里、乡里办点实事。如今的万向，已从乡镇企业成长为跨国集团，旗下4家上市公司中有两家主业是农业。"我的追求就是要把写在田野上的这篇'大文章'——'让农民成为在精神上、物质上都富足的巨人'——写下去，写好它。为此，我愿毕一生的精力。"如今看来，鲁冠球做到了。

"看到废品收购站就两眼冒光"

鲁冠球的创业史，也是改革开放一代民营企业家筚路蓝缕的缩影。

同为萧山企业家的开元旅业董事长陈妙林，与鲁冠球相识40多年，他对《环球人物》记者回忆，当时他还在萧山物资局工作，鲁冠球刚创业不久，凡是能赚钱的生意都愿意做。那个年代，物资紧缺，购买轴承等机械零部件，得拿旧零件去折换，但仍供不应求。鲁冠球从中看到了商机，拉着板车走十几里路上门回收旧轴承，拿到厂里修好之后再送回物资局销售。"我当时印象很深，这个人脑子太灵光了！既帮我们解决了难题，他也能从中赚到钱。"陈妙林说。逢年过节，鲁冠球还会给他和同事带包自家地里产的花生,"就一包花生,也算不上是行贿,但我们就觉得这个人情商很高"。

那个年代,乡镇企业没法获得国有企业同等的待遇。厂里要生产,购买不到原材料,鲁冠球便蹬着三轮车过江,到杭州城里的国有企业捡人家用剩的边角料。后来他回忆:"我一看到废品收购站就两眼冒光,为了收一点人家看不上的边角废料,我可以耐心地在门口等上半天。"

1979 年,报纸上一篇题为《国民经济要发展,交通运输是关键》的文章让鲁冠球"嗅"到了中国汽车市场的巨大商机。1980 年,他决定集中精力做汽车的易耗零配件万向节,厂子也正式易名为萧山万向节厂。刚开始,产品没有销路,他就背着产品去参加行业交易会,却因是乡镇企业被拒之门外。他不甘心,索性偷偷在会场门口摆起了地摊,以低于国营厂 20% 的价格出售自己的万向节,这才打开了销路。

20 世纪 90 年代,卡拉 OK 兴盛,成了许多商人应酬的场所。朱永祥问鲁冠球去过吗?他说:"我没有这个爱好。我就是研究对策,怎么上新的项目、技术、产品。我从 10 万元一天的利润到 100 万元一天的利润,现在我在研究怎么赚 1000 万元一天的利润。从 100 万元到 1000 万元,我要做多少工作啊。哪里来?谁会送给你?"他就像老农琢磨自家田里的稻子产量一样,埋头厂里琢磨着他的利润。

"别人一周工作 5 天,你就 365 天都不休息,尽心、尽责、尽力去做,一定能成功。"鲁冠球这样总结他的成功"秘诀"。他每天早上 5 点 10 分起床,在院子里收拾收拾小菜园子;6 点 50 分到公司开始工作,晚上 6 点 45 分下班回家吃饭;7 点准时收看新闻联播、焦点访谈;8 点继续处理工作,9 点开始看书看报,直至零点睡觉。一年中,他只有大年初一这一天在家吃午饭。

"父亲说,我每天工作 16 小时,按常人每天工作 8 小时计,我已经活过 120 岁了,才有今天。"追悼会上,鲁冠球的儿子鲁伟鼎泣不成声。

"因为相信而看见"

2017 年 7 月 8 日,是万向集团创立 48 周年纪念日。已在病榻上的鲁冠球依旧通过视频致了辞。他勉励万向员工要走出"舒适区",从零开始,再立新功,要勇立潮头,做创造历史的勇敢者。短短几句话,是他对员工的鞭策,也是他这一生的总结。

鲁冠球虽初中没毕业,却终生保持着学习的习惯。一位万向老员工回忆:"鲁冠球是个天赋很好、非常敏锐的人,一个天赋这么高的人,仍然坚持每天阅读、学习四五万字的信息,我在万向董事局那些年从没见他停过一天。"直至弥留之际被隔离在无菌病房,鲁冠球还坚持让家人在病房里安装一台电视,以便他收看党的十九大开幕会直播。

在鲁冠球去世后,最让人们惊叹的就是,创业半个多世纪,他从没有停下创新的步伐,一刻也不曾落后于时代潮流。

万向在浙江乡镇企业中最早实行股份制。早在 1984 年,鲁冠球就提出通过吸收员工入股解决资金问题,并拿出家里仅有的 5000 元积蓄带头入股。1988 年,他率先实践乡镇企业与政府"政企分开""花钱买不管",界定了与政府的产权关系。1989 年,万向成为"全国十家股份制试点企业"中唯一的乡镇企业。这为万向日后的成长壮大扫清了体制障碍。1991年，鲁冠球成了继邓小平之后，又一位登上美国《新闻周刊》封面的中国人。

陈妙林还和鲁冠球有过一段"搭班子"的经历。1986年，萧山县政府打算筹建企业化运营的萧山宾馆，委派陈妙林担任总经理，邀请宾馆股东之一的鲁冠球出任董事长。"鲁冠球当时就说，萧山宾馆必须实行董事会领导下的总经理负责制，不能搞从前招待所那一套，政府要少来干预。"陈妙林说，当时中国几乎没人知道董事会领导下的总经理负责制是什么东西，鲁冠球始终踏在时代的脚步上，"说起来，我真要感谢他，是他的强硬坚持，较大程度上限制了政府干预，给萧山宾馆的经营和后来转制成为开元旅业打下了好基础。"

尽管万向是以汽车零配件制造为主，但在鲁冠球心中，一直有个造车梦。"我这一代成功不了，我儿子也要继续！"他从20多年前就开始谋划布局，2002年成立万向电动汽车有限公司，2015年收购美国电动乘用车公司菲斯科……"烧钱"数十亿元仍痴心不改。2016年底，万向集团"年产50000辆增程式纯电动乘用车项目"获批，成为全国第六家拿到独立新能源汽车生产资质的企业，"造车梦"初见成效。

在鲁冠球的一生中，正是无数次的前瞻、改革、坚持才让万向屡创"第一"，从乡野走向世界。

民营企业界的"不倒翁"

在中国改革开放近40年的浩荡长河中，无数民营企业家创造了一个又一个传奇。与鲁冠球同时代的企业家，不少已在大浪淘沙中黯然退场，他却屹立不倒，被称为"常青树""不倒翁"。"有许多企业家，在一个企业居于高位几年、十几年之后，可能会高度膨胀，对企业失察，企业就会出现问题，原因就是他不够冷静，超越了自己的能力。"鲁冠球曾总结说。

鲁冠球喜欢钻研，但相比于"成功学"，他更乐于钻研"失败学"。研究过许多失败案例后，他得出结论：做企业，最难抵抗的，是高利润的诱惑。于是，他给万向设置了三条投资禁忌：暴利行业不做，千家万户能做的不做，国家禁止的不做。

尽管企业越做越大，鲁冠球却一刻也不曾松懈，始终把工作放在第一位。陈妙林回忆，"搭班子"期间，他经常需要向鲁冠球汇报工作。一次他正在鲁冠球的办公室里，恰逢省政府一个官员陪着某省的省委书记来万向参观。没想到鲁冠球跟秘书说，工作还没谈完，暂时没时间接待客人。"他不大玩'虚'的，也曾得罪了不少人，但做企业就需要这样的精神。"陈妙林说。

几十年来，对于身处困境的企业家，鲁冠球从不吝啬伸出援手。

万事利集团董事局主席屠红燕告诉《环球人物》记者，母亲沈爱琴创业初期就曾多次得到鲁冠球的帮助。1991年，当时的笕桥绸厂（万事利集团前身）想要引进国外的喷水织机，需要向银行贷款5000万元，数额巨大，银行规定必须有超过5000万元的抵押资产来担保。当时，杭州没几家资产超过5000万元的企业，沈爱琴就试着给鲁冠球打了电话。"鲁主席二话没说，从北京回来，下了飞机就直奔笕桥绸厂，在担保书上签了字。"

20世纪80年代红极一时的"改革先锋"、海盐衬衫总厂厂长步鑫生被免职后，鲁冠球曾在萧山宾馆开最好的套房款待他，并资助了一笔钱让他东山再起。"他对同时代那些企业家有一种惺惺相惜之情，这一点真的很值得我们敬重。"陈妙林说。

就在鲁冠球去世前1个月，2017年9月25日，《中共中央、国务院关于营造企业家健康成长环境弘扬优秀企业家精神更好发挥企业家作用的意见》下发，次日，鲁冠球即发表了感想文章。文中他回顾了自己的创业历程："回想我们这代人的创业梦，从被当作'资本主义尾巴'东躲西藏，到在计划经济夹缝中'野蛮生长'，再到改革开放中'异军突起'，以及全球化中无知无畏闯天下，可以说是跌宕起伏。"

"弄潮儿向涛头立，手把红旗旗不湿"，这位勇立潮头乘风破浪四十八载的农民企业家，见证了中国从一穷二白到世界第二大经济体的变迁，用一生实践了企业家精神。他说，战士的终点是坟墓。现在，他终于可以休息了。

（文／王艺锭）

曹德旺：不赚快钱，爱讲真话

2016年，曹德旺年届70岁，创业40年。一组数据似乎可以概括他前70年的历程：从1983年起他个人累计捐赠80亿元，范围包括救灾、扶贫、助学、帮困、支持文化项目等；从1988年起，福耀集团累计向国家缴税超过127亿元（截至2016年）；从2000年起，福耀累计创造外汇超过41亿美元……

有人告诉曹德旺，长寿的最大秘诀就是"贪玩"。若论钱，他当然有本钱玩；但论时间，他没法玩。或者不如说，没时间玩的背后，是某种情怀支撑着他一直在走一条不同于常人的路，包括敢讲话，敢执着于一片玻璃，敢自己盯着自己的捐赠。

讲真话：他有勇气代表中国的声音

曹德旺2013年第一次作为全国政协委员参加两会时，"营改增"

在全国试点，2016年，"营改增"试点在全国全面推开。在此期间，曹德旺的目光都没有离开过与增值税有密切关系的小微企业。他2016年的提案是《适当增加制造业增值税的进项可抵扣项目，帮助企业渡过难关》。按照规定，相关部门要给政协委员的提案做出答复。有相关工作人员打电话问他，对答复是否满意，他坦陈自己提交这份提案的心迹："我不是为我自己提这个意见，我是为中国的前途、中国的竞争力提这个意见。"

"有些人的提案与自身利益有关，我不是。我算过，如果也像美国一样，征收我税前利润40%的所得税（含州税及五险）和我交增值税，没有什么差别，因为我亲自抓成本控制，在经营中盈利能力还是可以的。"曹德旺一手打造的福耀集团是数一数二的大型企业，其汽车玻璃的市场占有率世界第一。而在他的提案里，真正的受益者是中小微企业。"大企业是嘴巴，中型企业是胃，而小微企业则是末梢神经。如果中小微企业遇到经营困难，大企业也不可能独善其身。"

2012年，曹德旺着手在美国设厂时，为调查国外的投资环境，让团队做了中美税收比较分析，一张表分两栏，中国缴什么，美国缴什么，对比差多少。"结果发现外面的税比中国低，我就马上向国家报告。"于是曹德旺积极在两会上发声，遇上财政部的领导，也会一起讨论讨论。

因为敢讲真话，曹德旺也遭遇过不少误解，很多人劝他说话要谨慎，以后不要再说了。他觉得很奇怪，他说，说真话不是为了反对谁，也不是为了他自己，是因为对国家的感情。他总说，如果没有改革开放，就没有福耀，也就没有他的今天。

在一个中美合办的慈善论坛上，曹德旺第一年参加，发现是中方出的钱，第二年参加，发现还是中方出钱。他当场就说，我觉得这不对，既然是中美合办的论坛，就应该双方各出一半，或者轮流出钱。他这话说出来，中国人很高兴，美国人也很尊敬他。美国前财长保尔森也因此和他成为很好的朋友。"他有勇气代表中国的声音。"一同参会的人说。

2002年，福清市政府碰到一个难题。为了修路，市财政局向银行借款，为了还钱就筹建了两个收费站，计划"收费还款"。结果钱收不上来，还款成了问题。于是，市政府找到曹德旺，请他帮忙。几次三番后，曹德旺发现政府确实有困难，如果能够帮忙，也算是为家乡做好事。他当年年底与市政府签订合约，借给政府7075万元，承包收费站，合同期5年。刚开始，经常有官员亲戚或当地小混混的车子不交费闯关，曹德旺下令加强安保，把闯关的汽车拦下来，再请交警来处理。"过路费是小事，但这有损福清人的形象。"曹德旺对官员们解释道。如此收了两年，钱就收够了，于是他说，好，剩下的时间不继续收费了，并建议市政府拆除收费站。"我当初的想法就是帮忙，没打算通过收费站赚钱，既然已经把当初借给政府的钱收回，我就想把道路还给市民。"在与政府交涉的过程中，收费站又多收了几百万元，曹德旺也没要，全部捐出来，为当地修了公园、公路、学校的科技楼和教学楼等。

曹德旺不是有钱以后才有这份底气，年轻时就快人快语，有一说一。"刚开始创业的时候，他们认为我是一块豆腐，随便吃就行，后来发现不是，不能吃的。"曹德旺自己笑道。1986年，刚刚承包高山镇玻璃厂的曹德旺被举报贪污等问题。他直接去县委,拦住书记,自报家门:"请让我把高山玻璃厂的情况具体汇报一下。如果我做错了什么,您可以拿法律来处理我,我毫无怨言,但您不能制造冤假错案,我这个人不接受道歉。"于是,他用不到20分钟的时间,把厂里的情况跟县委书记说了一遍。几天后,曹德旺接到通知,要他去县里开会,顺便带上所有材料,针对自己所有的"罪名",做一番说明。他一口气说了两三个小时,然后甩手而去。

县委肯定了曹德旺的成绩。告他的人从县里告到市里,从市里告到省里,从省里又告到了北京。最终的结果依然是曹德旺没有问题。曹德旺也由这件事更加坚定地相信最初的信念——听党的话,严格按照政府的规章办事;按章纳税;尊重所有官员,但保持平等距离;一起吃饭可以,但仅限于吃饭,绝不给官员送礼;如果有盈利分红,除用于家庭和自身生活的费用之外,皆用于社会公益。

"我觉得尊重政府,是一个企业家公民素质的象征。试想一下,如果政府官员在上面喊'立正',下面的企业家一个向东、一个向西、一个躺下来,那政府怎么管理?带兵的指挥官要想打赢战争,必须带出一支高素质的队伍,说立正,大家就站定。但我们又是平等的关系。我坚决不违法,也不贪政府的便宜。曾有某地官员跟我说,你过来投资,土地不要钱。我就说,不要钱的东西我肯定不要。还有,我也是一毛不拔的,我不会给你送东西,正因为你是官员,我不敢送给你。"这是曹德旺多年的经验之谈。他喜欢打高尔夫球,但总是一个人去。他调侃说"一个人打,我就总是第一名"。不混圈子,自然有些寂寞,但也少了"身不由己"。

曹德旺并不只是对别人直接，对自己的事也相当坦诚。他曾对媒体讲述自己的一段婚外恋情。曹德旺与妻子陈凤英相识于微时，陈凤英没读过书，但把自己的嫁妆全部卖光，给曹德旺作为生意本钱。曹德旺后来在外做生意时，遇到了"一个让我想把家都扔掉的女人"。纠葛中，他去研究别人的家庭是什么样的，结果发现，没有一个家庭是百分之百幸福的，他也没有必要再折腾。就这样，他选择了回归家庭，与妻子相守至今。

走出去：成为"中国制造"的窗口

2016年3月11日，美国俄亥俄州州长、当时的共和党总统候选人之一卡西奇在该州莫瑞恩市发表了一场竞选演讲，地点就是曹德旺2016年10月初刚刚举行了竣工庆典的福耀工厂。当时，还没完全竣工的厂房迎来了数千选民。

25年前，俄亥俄州有100多万名工人，现在这个数字已经降到了70万以下。2008年圣诞节前夕，通用汽车关闭了在莫瑞恩的工厂。那里成为由工业繁荣陷入衰落的美国"铁锈地带"之一。卡西奇2010年当选俄亥俄州州长，福耀是他州长任内最大的经济项目之一，由福耀带来的2000多个就业机会显然是他的一项重要政绩。当时，《华盛顿邮报》评价说："令曹德旺从贫困的中国农村发家的，正是那股冲毁莫瑞恩的全球化浪潮。"

这句话勾勒的正是中国企业"走出去"的必然逻辑。在位于福建省福清市宏路镇的福耀集团新工业区的广场上，竖立着不少国旗。除了中国的国旗，还有美国、俄罗斯、德国、日本、韩国的国旗。这些全球重要的汽车市场，都有福耀的投资，而福耀的销售点更是遍布世界各地。

"汽车巨头都是'无国界'的，它们从全球购买配件。生产汽车玻璃的福耀是几乎全球所有跨国汽车厂商的供应商，合作关系很紧密。汽车厂商在哪里投资设厂，就要求供应商也跟过去。不'走出去'，根本没有办法做生意。"福耀一位高管向《环球人物》记者介绍道。

福耀在海外的第一项重大投资在俄罗斯，是应德国大众的要求。2011年，福耀在俄罗斯卡卢加州独资建立汽车玻璃生产工厂的投资协议在克里姆林宫签署。时任中国国家主席胡锦涛和时任俄罗斯总统梅德韦杰夫是共同的见证者。投产后，福耀的玻璃下了生产线，就直接进入旁边大众公司的物料仓库。至于福耀在美国俄亥俄州的投资，也是作为最大的汽车玻璃供应商，应美国通用的要求。

现在才发现曹德旺"走出去"的人，大概有些后知后觉，他无疑是中国企业家"走出去"的先驱之一。"福耀从1987年开始做汽车玻璃，那时中国的汽车工业还处于起步阶段，市场非常小，所以没过几年就开始做出口。"福耀的高管说。

只是向外走的路并非坦途。曹德旺的第一站是香港。"去香港之前人家跟我讲，你不会讲英语，也没有熟人关系。我想只要我便宜几块钱，他们应该立马就都过来了。我到了香港，买了个电话黄页本，查到电话号码直接打过去，果然跟想象的一样，他们都跑到我的酒店来跟我谈。就这样做生意。"

后来，曹德旺又发现美国市场上玻璃的零售价格，是自己卖给美国大批发商的好几倍，于是就想直接在美国建仓库。1995年，他在南卡罗来纳州买了地，先建仓库，后建厂房，谁料3年亏了几百万美元。

要是别人也许就被吓回来了，但是曹德旺没有。他骨子里有着福建人"爱拼才会赢"的脾气。"同样做玻璃，他们能赚钱，我们为什么赚不到钱？那就说明我不会做，我要弄清楚哪里做错了。花了那么多钱，死也甘愿。"于是他请来美国人帮忙调研，结果是他的销售模式不对。美国市场层级多，中间层层加价，美国人建议他改分销为直销，关闭仓库跳过二级批发商，直接面对第三级供应商。曹德旺听取建议，1999年就把亏损的钱赚了回来。

钱赚得多了，又遇上新麻烦。2001年，中国加入世界贸易组织，同一年，曹德旺便接连打了两场官司。加拿大国际贸易法院向包括福耀在内的中国汽车玻璃行业发起反倾销调查。经过8个月的艰苦应诉，法院裁定来自中国的汽车玻璃在加拿大的销售不构成侵害。这是我国入世后赢得的第一起反倾销案。

美国商务部也应几家本国制造企业申请，对福耀进行反倾销调查。作为民营企业的福耀，显然不符合美国人"拿了中国政府的补贴，再低价把产品拿到美国来倾销"的说法。为了反击，曹德旺花费数百万美元的律师费，反过来向美国国际贸易法院起诉美国商务部和几家美国企业。2004年，福耀终于胜诉，并且一战成名，成为第一家状告美国商务部并赢得胜利的中国企业。

在不少中国企业面对国际竞争尚觉胆怯的时候，曹德旺做出了表率。"反倾销官司是一个贸易条约国唯一允许的行政保护手段，但是企业必须站出来讲清楚。只有通过积极应对来解决，'怕'和'恨'什么都解决不了。"

当然，曹德旺能走得稳并不一味靠"勇"。"我们有多年的考察，在俄罗斯调查了 17 年才下手，在美国调查了 20 年才下手。我们有自己的品牌知名度，有自己的技术。而现在不少中国人，跟风出去投资，都不知道要做什么，让我很惊讶。"曹德旺说。

作为商人，外国市场的低成本自然对曹德旺有着吸引力。但他没忘记自己的根在中国。他 1994 年获得了美国"绿卡"，但 2005 年，他又拿着"绿卡"跑到美国大使馆，说要把"绿卡"还了。"那时候我发现，福耀将成为中国未来汽车玻璃的代名词。移民不是大人物做的，是小人物做的，大人物真正有抱负，不能移民。"

福耀的一位高管说："曹董这次去美国建厂，回来开会，说的话让我很动容。他说，西方国家对中国是有误解的，尤其是对'中国制造'有误解。我们在那里建厂，就是要把那里做成一个窗口，要让不了解中国的人和想了解中国的人，看了我们的工厂，就知道中国现在是什么样，'中国制造'现在是什么样，中国人的素质是什么样。"

在欧美国家贸易保护主义和民粹主义大幅回潮的今天，要是有人能因曹德旺的工厂而了解中国、亲近中国，这也不失为他"走出去"的意义。

做实业：不愿意赚"快钱"

在宏路镇福耀的老工业区外，原来有一座天桥，后因市政建设被拆掉。桥上写着"为汽车玻璃专业供应商树立典范",在这句话背后,是福耀不曾改变的目标:"为中国人做一片属于自己的玻璃"。那是1987年建厂时,曹德旺立下的志向。当时这片地方还很荒芜,附近的农民们嘲笑着这个目标的不切实际。如今30多年过去了,福耀的产品仍然只有玻璃。

"我对员工说,我这辈子只做玻璃,为中国人做一片玻璃。这片玻璃,能让中国的达官显贵用上,也能让中国的平民百姓用上。这片玻璃,要用得放心,用得开心。放心就是质量过关,开心就是成本过关。再有,这片玻璃,必须在全球跟人家交流,代表着中国人的形象和智慧。这一点,我们做到了。"曹德旺说。

当初建厂时,曹德旺与玻璃结缘已有10多年。曹德旺的父亲曹河仁早年在上海做生意,是上海著名的永安百货股东之一。1947年,时局动荡,曹河仁带着家人和财产返回老家福清高山镇,结果人回来了,装财产的船沉了,曹家就此陷入困顿。曹德旺9岁上学,14岁辍学,16岁开始帮父亲倒卖烟丝,后来卖水果、卖白木耳、卖树苗、在工地打工。1976年,30岁的他听说卖水表上的玻璃赚钱,便提议镇上建了一个水表玻璃厂,他当采购员。

但几年过去,工厂的成品率始终低下。他就跑去上海的耀华玻璃厂,请那边派一名工程师来帮忙指导。来的人是出身名门的上海女子李维维。她研究了一下,对设备提出了改进意见,说:"抓紧时间,两天应该能组装好。"结果曹德旺组织大家加班加点,第二天一早就完成了任务,李维维大吃一惊。"后来李维维愿意放弃上海的优厚条件来到高山,又一直留在福耀,就是因为这件事。"福耀的一位员工回忆道,

"李维维对我说，那次算认识曹德旺了，他有行动力，大家也服他，愿意跟他干。"1983年，曹德旺承包了玻璃厂，开始实行绩效工资，产量也有了增长。

1984年，曹德旺上了一趟武夷山，给母亲买了一根拐杖。他把拐杖当扁担，挑着东西上车时，司机提醒说："小心一点，别碰了车玻璃，一片几千块钱，破了你可赔不起！"曹德旺不相信，回去后到汽车修理厂转了转，发现果真如此，而且有钱还不能马上就换，因为那时中国不生产汽车玻璃，要换就得从日本等国订货，费时费钱，关键是感觉很受欺负。他有点明白了，为什么很多车的玻璃破了就用胶纸贴着，凑合着用。

曹德旺就想，为什么不自己造汽车玻璃呢？老百姓能得实惠，自己也能赚钱。"为中国人做一片属于自己的玻璃"的志向就此立下，他马上买图纸买设备。第二年5月，第一片汽车玻璃就制造出来了。1987年，他把汽车玻璃厂搬到了福清市宏路镇。当时国家正鼓励汽车零部件国产化，曹德旺赶上了最佳时机。

林秀红是玻璃厂最早的一批员工之一，忆起往事，她感慨良多："我原来在学校当老师，看到玻璃厂招工，就过来了。李维维是我的师傅，我跟着她学刻花。刻花很难，我们学的时候做坏了很多，20多个人，最后只录取了9个，我就是其中之一。厂里刚开始很艰辛，产品做不出来，曹董晚上就待在车间里，整个心都挂在那边。但我们的工资都很高，我当老师时一个月是24元，到了玻璃厂后，一个月85元，再到了宏路这边，一个月就有850元。待遇高，大家都很拼命，曹董交代的事，我们都当成自己的事。晚上没事我们就去车间转转，发现问题，及时解决。当地很多人是跟着曹董才富裕的。"

曹德旺自己曾说,早年创业非常艰苦。"搬到宏路镇时,买了进口设备,都装船了,但一个工程师招不到,一个会计师招不到。那时很多国企倒闭,有很多工程师失业,但他们要面子,不愿意给个体户打工。大学生也不来,其中一个原因是,他们来了档案没地方放。当时国家规定大学生档案要通过人事局,而合资或民营企业在人事局没有开户。"遇到问题,曹德旺就想办法去解决。"我就去跟省里商量,成立了中国第一家人才交流中心,我是第一届人才中心的顾问。结果没两年,人才交流中心在全国都普及了。"

还有人是被曹德旺做实业的理念感召来的。福耀现在的总裁左敏,20世纪80年代在厦门大学会计系读书。他给学校"青年的使命"研讨会拉赞助,找到了曹德旺。曹德旺一听"青年的使命"这个名字好,当场给了2万块钱。当他得知左敏学的是国际会计,便说我们就缺这样的人,你毕业以后,到我们这里来吧,我们要为中国人做一片属于自己的玻璃。左敏后来说,自己听到这句话时,汗毛都立起来了,感觉国家的使命和自己有了连接。他毕业后就义无反顾地来到福耀。

90年代,公司上市之前,准备上市的企业从资产配置的角度考虑,可以相互买一些股票,等上市了,都可以赚很多钱。这在当时是被允许的。但曹德旺坚决不这么干。他对左敏说,如果我们拿了这个钱,还有心思回来做玻璃吗?

在这个名人大佬拼命跨界、实体企业纷纷走向多元化、创业者靠新模式圈钱的时代,只会埋头做玻璃的曹德旺,显得格外另类,有些"out"(落伍)。

"我总结曹董就是不愿意赚'快钱'。他现在还有四个不做：房地产不做，因为楼盘建完后，没有办法持续纳税，就没有办法持续为国家做贡献；煤矿不做，福清很多人去山西开矿，他不做；网络游戏不做，他觉得对青少年不好；还有就是不炒股。"福耀的高管说，"他始终在讲，我们要做好汽车工业的配角。虽然是配角，但我们在汽车玻璃行业里做老大。福耀也讲转型升级，但福耀讲的是汽车玻璃的转型升级。比如原来汽车的前挡玻璃要求就是坚固，能遮风挡雨，现在则要求智能化，这个福耀必须跟上。"

福耀2008年成立了一个研究院，建在新工业区。一进门，就能看到最新科技产品，有的玻璃可以加热，用来除霜除雾；有的玻璃有"抬头显示"功能，导航可以直接显示在玻璃上；有的玻璃可以隔绝室外高温；还有的玻璃"憎水"，下雨天不再需要雨刷。这些技术保证了福耀在中国实体经济遭遇下行压力时，仍能实现很好的盈利。这也是曹德旺在今天这个公认"做实业很困难"的时期，能够坚守实业的真正底气——不是钱，是科技创新。

"中国汽车工业的发展离不开福耀。而曹董也改变了汽车玻璃行业的世界格局。"玻璃行业的一位从业人员说。2016年，曹德旺获得玻璃行业国际最高奖——凤凰奖，成为46年来获此荣誉的第一个中国人。"他理解企业家的定义有三条：国家因你而强大，社会因你而进步，人民因你而富足，这才是企业家。"

曹德旺曾经想过做汽车，当时没有机会，现在机会有了，但他不想做了。"我70岁了。我认为中国好不容易能建立一个国际知名品牌，不能扔了去捡别的。"他说。

捐善款：关注百姓能不能拿到钱

多年前，我们和曹德旺首度见面，印象之深，至今不可磨灭——他在集团大楼内用餐，餐桌上只有一盘炒花生米、一盘炒菜花、一小碗蛋羹和一份地瓜粥，当时的总价是20元。与这份"抠门"的午餐形成鲜明对比的是，他在此前几个月中累计捐款10多亿元，其中在中央电视台"情系玉树，大爱无疆"的赈灾晚会上，以1亿元的捐款创造了中国慈善史上个人捐款数额的新纪录。从那时开始，人们更愿意以"中国首善"而不是"玻璃大王"来称呼曹德旺。

在中国传统文化和商道哲学里，"首"字不值得提倡。"首善"与"首富"一样，背离了"财不外露"的谨慎，潜藏着"枪打出头鸟"的风险，不符合"中庸"的美德，更会招致"张扬""作秀"的口诛笔伐。但曹德旺并不为此发怵，"我不把这些当回事儿，也没什么压力"。在他看来，像袁隆平那样的人才是真正的"中国首善"，"评选首善的标准，不能只盯着捐了多少钱，也要看到底解决了多少社会问题"。

至于"沽名钓誉"的流言，他从不去听，也不解释，"我做公益慈善不是图某一个目的或名号"。早期创业的艰难对曹德旺后来的思想有很大影响："我有一种感恩、报恩的心态。党中央领导人为了推动改革开放，顶着很大的压力，一部分人富了，一部分人还很穷。我们这些真正富起来的人，要约束自己。在公众场合保持低调的同时，还得在不影响事业发展的情况下，和社会公众分享一部分财富，促进社会的和谐发展。"

曹德旺真正在意的是"钱捐了，事情办得怎么样"。为此，他捐赠的项目，从设计到施工，他都亲力亲为。曹德旺出资4亿元在福州市建了一座新的图书馆，建好后就交给市政府。他把地点选在福州市新发展起来的中央商务区，南面就是闽江。"市民可以直接从江滨公园进入图书馆。"工程项目建设人员介绍道，"他提出图书馆既要和国际接轨，也要有地方特色，所以我们设了一个展览区展示福建的文化。他还特别强调人性化，比如在少儿区，书不一定要多，但要有一些玩具，要能让孩子在地上爬。除了普通的书，还可以有其他材质的，比如布的。"曹德旺来图书馆视察时，每一层都要走到，也不要别人带，就自己到处看。

高山镇上还有一所曹德旺捐建的德旺中学，校舍漂亮整洁。校长李昊说："曹董不光捐了2.2亿元，还非常关心学校。建校舍时，我们都还在被窝里睡觉，就接到电话，说他已经从福州到高山镇的工地了，那时才早上7点。他到了现场就要到处走走看看。学校建成了，他又想怎么把学校办得更好，比如设立奖学助学基金会、亲自过来演讲，有一次，刚好美国驻广州领事和《福布斯》杂志中文版副主编拜访他，他就带着他们到学校来。他说，要培养能代表中国未来希望的学生，能昂首挺胸走向全世界的人。"福建师大附中前校长翁乾明基本每周都要来一次德旺中学，帮助进行教学改革。他说："之前有很多地方请我去，年薪也很高，但我和曹董做了几次深谈之后，还是选择无偿来这里，就是认可他办校的理念，还有，我被他的心感动。"

不光"插手"项目实施和关注后续发展，曹德旺还搞了个"史上最严苛捐款"。2010年5月4日，曹德旺与中国扶贫基金会签署协议，委托后者把2亿元善款发放给92150万户受灾民众,并将对项目的执行过程和资金用途进行全程监督。他不仅要求中国扶贫基金会在6个月内发完救助款,还规定差错率必须低于1%。也就是说,如果在抽样检查中,发现未收到善款的农户比率超过1%,那么中国扶贫基金会要赔偿同等数额未发放的善款。管理费也被曹德旺从国家允许的捐款总额的10%压低到3%。

中国扶贫基金会副秘书长李利曾感慨,自己从未遇到过这种情形,"即便是法律上,也没有这样的规定"。但曹德旺并不认为自己"苛刻","签这个协议,也是为了监督他们,只要他们做得足够好,再大的赔偿,他们应该也不怕"。他曾对《环球人物》记者解释说:"很多人把钱捐给慈善机构,主要是为了博得名利。他们不在乎钱是不是能落到受捐者手上。我可能更认真一点,就是关注百姓能不能拿到钱。"

这份"认真"让曹德旺有勇气在慈善的路上,不断创新规则。在中国内地,慈善基金会分为公募和非公募两种形式,企业的慈善基金会属于后者,无权向社会筹集捐款。2009年,曹德旺宣布,将捐出其家族所持福耀集团下辖的福耀玻璃股份公司3亿股的股份(当时市值35.49亿元),成立以其父亲名字命名的"河仁慈善基金会"。他的想法很简单:"我可以把钱全捐出去,但是毕竟有捐完的一天。如果我把股权捐出去,一年分红就有2亿元到3亿元。那样的话,我踏踏实实做企业,负责赚钱,基金会负责花钱就行了。"

但这种形式在当时的中国内地尚属首创。曹德旺的申请被送到了北京,由民政部、国税总局、证监会、财政部等多个部委协同审批,其间遇到了很多困难。2011年5月,经过两年的沟通、协调,注册于民政部、以国务院侨务办公室作为其业务主管单位的河仁慈善基金会正式挂牌成立。这家民间基金会，成为探索中国传统慈善模式向现代慈善模式转型的蓝本。

在曹德旺看来，用"股捐"的方式设立河仁慈善基金会，为中国的非公募慈善基金会摸索出一条创新之路，是更大的善举。当时他向《环球人物》记者感慨："中国的慈善事业，准入门槛太高，监管门槛又太低。国家应该立法，成立专门机构，对基金会和捐款人都进行严格的监管。"5年后，他终于等来了新的突破——2016年9月1日，中国首部慈善法《中华人民共和国慈善法》正式施行。曹德旺曾在2014年接受全国人大内务司法委员会的邀请，为其建言献策。他还对媒体笑言："不管它是坐火车来的，还是坐飞机来的，反正最终是来了。"

一念之善易，一生之善难；一时捐款易，一路紧盯难。曹德旺执拗的行善方式，与母亲陈慧珍的影响有关。母亲信佛，曹德旺认为慈善就是一种修行，"修行要修出公德，什么叫公德？公平是公，施予是德，虔诚是公，真实是德"。"我一直觉得，做慈善不存在谁感谢谁，没有贫困弱者需要你帮助，你想积功德做好事还没有这个机会，就这么简单。"他说。

曹德旺金句

我没有才华，不能成为国家栋梁，但应该坚持做一个自食其力的人，我感到非常骄傲。

面对复杂的社会，想不死，绝对要做到不贪。你不丢东西，人家想捡也没有。

我怎么管理福耀在全国各地的企业？我告诉他们：一、要尊重地方党委和政府，无条件与当地党委和政府保持高度一致；二、法律怎么规定，财务部门就怎么缴税，不要自作聪明。如果你在税收上出问题，不单是政府追究你，公司也要追究你的责任。

一个企业想发展成"百年老店"，要靠道德来支撑。中国的道德说"仁义礼智信"，第一个提的就是仁，仁在国际上常用的一个名词是共享精神。仁的后面是义，义就是负责任。做任何事，都要向国家负责，向人民负责，向股东负责，向员工负责，这就是企业家精神。品牌是这样创起来的。

小微企业非常关键，大的企业，比如炼钢厂、炼油厂，生产出的东西是原料，小微企业提供服务，把大企业做出来的成品输送到千家万户。等于大企业是嘴巴，要靠小微企业去消化，大量东西吃进来，没有消化，就噎死了。

金融业是第三产业，是服务业。服务业服务业，顾名思义，就是提供服务的，为第一产业、第二产业提供服务。

（文 / 朱东君　郑心仪）

张瑞敏：用创新穿过面前的"墙"

张瑞敏，共和国的同龄人。海尔，改革开放中成长起来的民族企业。张瑞敏和海尔的过去与未来，某种意义上也折射出中国当代企业家和民族企业的发展与命运。

在美国金融危机波及全球，中国企业出口受挫，民族品牌屡遭并购的背景下，久未在媒体露面的张瑞敏接受了记者专访。他说，全球化战略的道路崎岖坎坷，却是中国民族企业的唯一出路。

永远"自以为非"

1984年，海尔是亏空147万元的集体小厂。2007年，海尔全球营业额达到1180亿元，连续6年居"中国最有价值品牌"榜首。这个奇迹的背后，隐藏着怎样的成功秘诀？张瑞敏说，其实既简单又艰难——永远能够自我否定，越成功就越要"自以为非"，而不是"自以为是"。

20世纪90年代初,国内家电市场异常红火,海尔跻身全国首届十大驰名商标,一张海尔冰箱票在厂门口被卖到1000多元。张瑞敏却冷静地提出:"每一个成功者的背后都潜伏着失败的危机。要想长盛不衰,只有学'不死鸟',自我革新,再赢一次。"于是,在光卖冰箱就能挣大钱的时候,海尔率先打破单一产品模式,进军洗衣机、空调、电视等家电市场;在成为中国家电第一品牌,很多人看来可以高枕无忧的时候,海尔又提出打造世界名牌,率先启动全球化战略,把工厂办到了美国。

这么多年来,张瑞敏养成了习惯,越是在海尔发展非常顺利的时候,越是别人都说海尔已经很好了的时候,他就越在思考,下一步的挑战在哪里?下一步的困难在什么地方?他相信,市场和体育赛场一样,所有的第一名都是被自己打败的。

在大家都感觉良好的时候,还要"自以为非",挑毛病找困难,张瑞敏也时常感到很困惑。"你可能找不准下一步的方向,你会受到很多的质疑。特别是理想中的正确结果还没有出现之前,你要承受很多压力,这个努力的过程很痛苦。"

要么成为世界名牌,要么死掉

2000年3月,海尔美国电冰箱工厂在美国南卡罗来纳州开姆顿市正式投入生产。建厂后3年内,海尔在美国的年销售额增长了8倍,达到2.5亿美元。2007年,海尔美国的销售额达到6.5亿美元。截至

2006年底，海尔是美国市场最大的小冰箱、公寓冰箱和酒柜厂商，分别占据美国50%、20%和60%的市场份额，也是美国第三大空调厂商，占据20%的市场份额。

2005年底，海尔正式启动全球化品牌战略，引来不少质疑和非议。有人怀疑海尔是否具备了走向世界的实力，还不如在国内发展，或者到农村去；有人提出国际化应该通过并购等成本更低的方式实现。张瑞敏却坚定地说，打造世界名牌是海尔没有选择的选择。在全球化市场中，企业只有两类：食肉的和食草的，后者迟早要被前者吞掉。可口可乐的老板来中国考察市场，就对身边人提出："为什么不让门口卖茶叶蛋的老太太，也卖可口可乐？"跨国企业的触角已然伸向全球每个角落。从美国到欧洲到亚洲，从城市到郊区到农村，无论在哪里，海尔都会遇到惠而浦、西门子、飞利浦这样的跨国企业，竞争无从躲避。选择只有两个：要么成为世界名牌，要么死路一条。

在利润薄如刀刃的全球家电市场，面对有几十年甚至上百年发展历史的国际级竞争对手，后来居上又谈何容易？张瑞敏曾在美国的商场里与客户沟通。"喜欢海尔的产品吗？""还不错。""认可吗？""认可。""会买吗？""不会。""为什么？""因为GE、惠而浦这些牌子，从我奶奶辈就开始用了，为什么要相信海尔？"这就是海尔面对的困境。打造品牌没有捷径可走，必须千方百计赢得客户的心。在美国，海尔从接受新事物相对较快的学生冰箱市场切入，2011年占有率已达50%，居第一位。

2011年，海尔的全球销售网络遍布160多个国家，拥有61个贸易公司、8个设计研发中心、29个制造工厂和16个工业园。当国内很多企业因为出口放缓而备受压力甚至濒临倒闭时，海尔在美国的工厂，已经在为当地市场生产附加值较高的产品，弥补了出口减少的损失。

打造世界名牌的路还很长，但理想从来都很坚定。张瑞敏这样描述海尔的世界名牌战略："有一天，当你无论走到全世界哪个地方，人们都会说：海尔，我知道，这是一个著名的品牌。这就够了。"

脱胎换骨"再造海尔"

与世界一流的企业竞争，需要打造世界一流的企业。在张瑞敏看来，海尔过去的成功，不是因为企业本身很优秀，而是因为抓住了改革开放的机会。现在要走向全球市场了，就必须从企业自身入手，对流程、组织和人才管理进行大刀阔斧的改革，"再造"一个海尔。全面重塑，脱胎换骨！

谈及"再造"以来的进展，张瑞敏并不讳言困难重重。最大的难点在于改变人的观念。过去海尔高速发展，有很多成功案例，甚至被国外商学院当成教学案例。很多人认为，海尔只要按照过去成功的办法做下去就行了，让人们放弃过去被证明是成功的做法，并非易事。张瑞敏亲自为集团的高层进行战略理念上的培训辅导，集团整体也进行自上而下的逐级辅导。

在吸收日本和欧美企业管理精髓的基础上，海尔推行"人单合一"的全新管理模式。单，狭义上是订单；广义上是目标。即企业为每个员工创造一个特定的环境，使其在这个空间里有创新的价值；每个人和自己的工作目标，都能一一对应结合；每个人变成一个小的经营体，既相对独立又目标明确。为数万人的企业建立这样精细的管理流程，工程之艰巨可想而知。

流程再造、组织再造、人的再造，张瑞敏把自己定位成"造钟师"。他要把海尔打造成一部精密的机器，依靠一套有效的机制，使企业能够有序有效地运转，在正确的时间做出正确的决策。他不希望再做"报时人"，靠少数人的感觉，带领企业抓住机遇。他很欣赏管理大师德鲁克的话："真正管理好的企业，总是单调乏味，没有任何激动人心的事情发生。"因为一切已经有条不紊。

从小池塘游向大海

作为共和国的同龄人，张瑞敏身上有种特殊的使命感和责任感。"文革"前在中学接受的爱国教育和忠诚教育，对于一个少年来讲，一生影响都很大。"文革"中在社会最基层的经历，曾使他很困惑，也给予他很多思考。那段"从下往上看"的经历，时时告诫着今天的张瑞敏，不要去做那些从前自己被管理时，认为很荒唐可笑的事。

改革开放给张瑞敏和许多中国企业家创造了难得的发展机遇。他说："没有改革开放这个温度，再好的鸡蛋也孵不出小鸡儿来。"但今后将是一个更大的挑战。"做得好，就能把改革开放的成果发扬光大；做不成，就会前功尽弃，重归于零。"对过去，张瑞敏心怀感激，但过去的都已经过去,未来任重道远。

美国《财富》杂志曾撰文报道《中国海尔的威力》,高度肯定海尔成绩的同时,评价仍是"小池塘中的大鱼"。这句评价一直记在张瑞敏心里。他深知,在经济全球化的大潮中,不可能再有安享小池塘美景的幸福时光,要么游向大海,要么被淹没、被吃掉。

张瑞敏和海尔,早就确立了海一样宏伟的目标,所以能够敞开海一样宽阔的胸怀。这胸怀,包容了从小池塘游向大海所经历的痛苦和艰难;这胸怀,承载着有朝一日领略大海无限风光的光荣与梦想!

海尔在颠覆中前进

世界权威市场调查机构欧睿国际公布的调查结果显示,2010年,海尔在全球大型家电市场份额方面排名第一,连续两年蝉联全球白色家电第一品牌。海尔,这个"中国制造"最成功的典范,已超越欧美老牌企业,引领全球家电业进入"中国时代"。

从1984年那个资不抵债的集体所有制小厂发展到今天,海尔连续九年蝉联"中国最有价值品牌"榜首,2011年品牌价值高达855.26亿元,并且实现了从"中国第一"到"全球第一"的目标。但海尔的领导者张瑞敏从来没有满足过。这位山东汉子坚信:"企业是时代的产物,必须与时俱进。如果跟不上时代的发展,就会被淘汰。而要跟上时代的步伐,则需要颠覆自己传统的观念。因此,海尔一直在颠覆中前进。"

用创新穿过面前的"墙"

2010年12月22日,美国《新闻周刊》网站公布"全球十大创新公司"名单,海尔是唯一入选的全球家电企业。

创新,是海尔的企业精神,也是张瑞敏管理思想的核心和根本。"人类被束缚在地球上,不是因为地球引力,而是因为缺乏创造力。"张瑞敏非常喜欢这句话。他相信,只要有创造力,就一定能战胜一切困难。正如佛教禅宗的一句话——"凡墙都是门",只要你创新,所有竖在你面前的墙都可以通过;如果不创新,即使你面前是一扇门,也过不去。

张瑞敏认为,中国有真正意义上的企业,但没有真正意义上创新的管理思想、管理理论和管理模式。

这些年,张瑞敏一直在潜心研究互联网时代海尔商业模式的创新。他深刻地认识到:"互联网的迅猛发展如此彻底地改变着我们的生活和工作,进而改变着我们的思想和观念。每个人都变成了一个互联网的终端,拥有自己的网络空间、社交空间和精神空间。在这个空间里,每个人都是自己这个世界的中心,有多少人就会有多少个小小的世界。世界变'碎'了。"

张瑞敏向全球客户承诺:在变"碎"了的未来世界,海尔也应是"碎"的。每一个自主经营体都是一个自主决策的小"海尔",潜心捕捉客户的个性化需求,第一时间为客户送上最有竞争力的解决方案。

要从制造业向服务业转型

如何满足互联网时代客户的个性化需求？对于以大规模制造为强项的中国企业来说，是巨大的挑战。以前，一个产品可以制造100万台，但现在的市场，需求的不是每个型号100万台，而是100个型号100万台，或者1000个型号100万台。这就带来两个困难：一是如何实现大规模定制的生产流程？二是怎样做到准确把握这1000个需求？

"我们需要一个转型。"张瑞敏做出了回答。从企业层面讲，海尔要从制造业向服务业转型；从员工层面讲，每个人都应该主动地发现用户的需求，创造用户需求，成为创新的主体。

什么是服务业？以用户需求为中心，满足用户的个性化需求，做服务，就是服务业。什么是制造业？以企业为中心，生产、库存、销售，卖产品，就是制造业。后者意味着企业以自己的意愿向客户提供产品。前者是从客户的意愿出发，提供客户需要的产品——这正是海尔的目标，"要成为互联网时代领先的世界品牌"。

张瑞敏自豪地说："我们的产品是即需即供的，没有库存。客户需要产品，我们马上生产，马上供货；客户没有需要，我们不生产，也不会压货。中国过去的模式恰好相反，很容易压货，然后是一系列纠纷，卖不掉，得降价。不降，就退回厂里。很多品牌卖到最后还亏钱，因为他们的产品不是客户需要的。"

着手整合全球资源

全球化的运营布局,是海尔能够准确把握客户需求的重要保证。2011年,海尔在全球范围内构建了29个生产制造基地、19个海外销售公司和8大综合技术研发中心。依托这一网络,海尔能够准确及时地把握全球消费需求变化,从而设计生产出最符合消费需求的产品。

对于全球化和国际化,张瑞敏也有独到的见解。"原来的公司需要国际化,现在的公司需要全球化。两者有很大不同。国际化是用企业自身的资源,在国际上闯荡出一条路。公司在母国之外的多个国家有组织,这就叫跨国公司。全球化是以全球的资源实现公司在全球的目标。"IBM就是整合全球资源优势的典范——工厂放在中国,因为最好的制造业工人在中国;信息服务在印度,因为性能价格比最优;研发在美国,因为技术优势最突出。海尔也是这样,为打造全球化的品牌,在研发、制造、营销等环节整合全球资源。

海尔是"海",有海一样的胸怀和海一样的理想。正如美国《财富》杂志所说:"种种迹象表明,海尔开始进入有史以来最好的发展时期,而张瑞敏仍将保持无可比拟的巨大影响力。"在21世纪的第一个10年刚刚过去的时候,张瑞敏在给海尔员工的信中写道:"我们一起站在一个新的年代的门口,憧憬美好的未来。但美好的未来不会在睡梦中不期而至,她需要我们从未来看今天,从今天起按未来的趋势创造美好的未来。"

(文/谢湘)

商界精英的治企方略

董明珠:"好斗"背后是创新与自信

董明珠,1954 年出生于江苏南京,毕业于安徽芜湖职业技术学院。1975 年参加工作,1994 年开始相继任珠海格力电器股份有限公司经营部长、总经理、董事长。第十、十一、十二、十三、第十四届全国人大代表。多次获得央视"中国经济年度人物"等称号。

董明珠,好斗背后是焦虑

"董明珠既是网红又是一个好斗者。"2019 年 1 月 18 日的中国智能制造大会上,格力电器董事长董明珠直言不讳地自认道。《环球人物》记者印象最深刻的一次"斗争",是她在 2016 年格力电器临时股东大会上对股东"开火"。当时,董明珠想进军新能源汽车领域,力主格力电器以 130 亿元全资收购珠海市银隆新能源股份有限公司。但这个提议遭到许多股东的反对,最终被否决。

那天，董明珠步入会场时没有得到掌声。这样的冷遇还是她"唯一一次"遇到。董明珠面对100多名股东，"大到上千万股，小到100股的，也有浙江开路虎来的大户"，放起连珠炮："格力没有亏待你们！我讲这个话一点都不过分。你看看上市公司有哪几个这样给你们分红的？我5年不给你们分红，你们又能把我怎么样？两年给你们分了180亿，你去看看哪个企业给你们这么多？格力从1个亿、从1%利润都没有甚至亏损的企业做到今天，达到13%的利润，是靠你们吗？"

这样的"火气"对董明珠来说还算是客气的，股东毕竟是自家人，她自己也持有格力电器数千万股股票。事实上，她的"炮口"经常对外。

格力与美的的专利之争

董明珠有一次"开火"瞄准了竞争对手奥克斯。2019年6月10日，格力电器发布《关于奥克斯空调股份有限公司生产销售不合格空调产品的举报信》，指出奥克斯空调价格便宜但耗电量很大，产品与其宣传、标称的能效值差距较大，能效比和制冷消耗功率的检测结论均为不合格。"董明珠自媒体"还在微博上晒出了检测证书，并将这条微博置顶。

当时正值"6·18"电商促销大战，此举让另一家企业坐收渔翁之利——美的屡屡登上一些电商平台空调类商品的每日销量排行榜冠军宝座。这可不是董明珠愿意看到的。

家电行业是"中国制造"的一张名片，分别位于广东珠海和佛山的格力与美的则是中国家电行业的代表。两家公司之间的"瑜亮之争"由来已久，两位掌舵人——董明珠与美的集团董事长方洪波之间的斗争也已公开化。

董明珠是个直性子，一不小心在2019年1月16日的临时股东大会上披露了格力电器2018年税后利润为260亿元。这一提前透露未公开重大信息的行为导致格力电器收到深圳证券交易所发的关注函，董明珠本人也收到广东证监局出具的警示函。

不到一个月，2019年2月11日，格力电器独立董事、有董明珠"闺蜜"之称的刘姝威在微博上举报："据多家媒体报道：'2019年1月12日美的集团董事长兼总裁方洪波在2019中国制造论坛上透露，美的集团2018年预计税前利润超过260亿元，再创新高。'1月15日美的集团发布《2018年度业绩预告》。按照广东证监局发布的警示函，方洪波违反了《上市公司信息披露管理办法》第六条和第四十五条。如果广东证监局给董明珠发警示函，而对方洪波的行为不发警告，那么广东证监局是否选择性执法？"此举果然见效。2月18日，深交所、广东省证监局分别向美的集团和方洪波发布关注函、警示函。

自2008年以来，格力和美的曾多次对簿公堂。2008年，格力状告美的的"舒睡功能"侵犯了格力的专利，2011年，法院宣判格力胜诉；2009年，美的和格力互告对方虚假宣传；2013年，格力又起诉美的商标侵权……10多年来，双方围绕技术专利、商标、虚假宣传等，发起的互诉案数十件，累计索赔金额近亿元。

在董明珠眼中，美的是"小偷"。2017年3月，在格力智能装备全球首发暨高峰论坛上，董明珠说："我不评价别人几百亿收购别的公司的产权。一个企业是小偷，永远都是小偷，不可能当领导，因为它没有多大的胸怀，没有高瞻远瞩的思想，逐利而行，这不是中国制造业，特别是在供给侧改革的时代。"方洪波的脾气没有董明珠那么大，他回应称："海外买买买和自己干干干不矛盾，世界上企业巨头都经历了合资合作、并购重组发展才壮大的过程。"

董明珠则认为，美的不仅"偷"技术，还"偷"人才。2015年6月1日的格力电器股东大会上，她说，格力电器已经被竞争对手恶意挖走600多人，超过了培养人的速度，已经严重影响到格力的创新积极性。方洪波随后回应称："只要是珠海那家企业的人，我们绝不会用。我们是秀才遇到兵，有理说不清。"2019年1月，董明珠回忆此事时说："我那时不天天讲美的偷人的事情，媒体不关注的话，它天天到我这儿来挖人，我讲了它就不来挖人了。"

董明珠还多次抨击美的"一晚一度电"的广告语。2016年3月，她作为全国人大代表在接受记者采访时说："今年（2016年）要对侵权行为、虚假宣传、伪劣商品给予严厉打击，我觉得这是对创新型企业最大的支持。过去，一些企业以次充好、不择手段欺骗用户的行为，给真正的创新型企业带来最大的不公平。就像美的的'一晚一度电'一样，从2012年开始，美的受到过工商部门的处罚，也因此赔偿过消费者，但依然不改，无非是换些花样，'一晚低至一度电''一晚一块钱''一晚两度电'等。"2017年6月，她在新华网的一次活动中又说："相信空调一晚一度电的广告就上当了，一晚不止一度电，可能十度电甚至更多，在什么样的特定条件下才一度电呢？是在外面温度跟里面温度几乎是相同的时候，不需要的时候你可以一度电。"直到2019年1月临时股东大会上，她还在说这件事。

空调行业在历史上一度以粗放式经营为主，注重销售渠道，以营销来驱动。经过多年，行业发展凸显"天花板"，亟须转型升级。业界人士认为，格力、美的之间不断发生的专利之争，尤其是高质量的专利之争，极有可能是家电领军企业在完成品牌建设、产业链布局和渠道布局之后，下一个发展周期的竞争新手段。苹果、高通两家世界知名科技企业也发生过专利权之争。这种竞争并不至于你死我活，侵权赔偿对他们而言也不至于伤筋动骨。知识产权的竞争只会刺激企业竞相加速研发，创造新产品，最大的受益者无疑是消费者。两家领先企业的技术进步也将拉动整个行业乃至相关产业链向前发展。

从这个意义上看，董明珠骂"小偷"、怼竞争对手有其积极意义。据国家知识产权局公布的数据，格力电器凭借871件的成绩位列2016年国内企业发明专利授权量榜单第七，成为该榜单发布以来唯一上榜的家电企业。2018年，其发明专利授权量达到1834件，排名升至第六。美的也在2017年引用国际机构的报告称，家电领域美的发明专利数量在全球范围连续3年居第一位。

不同企业管理模式的较量

董明珠还有一个奇怪的对手。

格力电器收购银隆新能源失败后，董明珠没有罢休，而是联合刘强东等人共同出资约30亿元买入银隆新能源部分股权。后来，董明珠又多次增资，使其个人成为银隆新能源的第二大股东，持股比例达到17.46%，仅次于魏银仓控制的银隆投资控股集团所持的25.99%。

董、魏二人成了一家人，本该携手言欢，却生了嫌隙。2017年下半年，业界传闻两人不睦。2018年初，银隆新能源董事长魏银仓辞职。

当年11月13日,银隆新能源通过微信公众号发文称,原董事长魏银仓、原总裁孙国华涉嫌通过不法手段侵占公司利益,金额超过10亿元,公司已向法院起诉,向公安机关举报。

2019年4月25日,银隆新能源微信公众号公布了事件的最新进展:"公司提起的刑事控告和民事诉讼稳步推进。其中,控告对大股东魏银仓及孙国华(原公司总裁)等人的相关刑事案件已于2018年11月8日正式立案侦查,三起民事案件已召开庭前会议,将于近期正式开庭审理。前述案件,涉及侵占公司利益总计超过14亿元。"涉案金额包括骗取政府财政补贴资金1.1亿元、冒领公司补偿款1.5亿元、采购设备虚增价款2.6亿元等。对于魏银仓身处美国的传言,公众号中称"经核实,情况属实"。董明珠说,这些情况她入股时并不知情,"后期才知道银隆的窟窿到底有多大"。

董明珠与魏银仓之争,背后包含不同企业管理模式的较量。2017年6月,董明珠、魏银仓参加一档电视节目。董明珠主动提及两人曾为一个细节吵架:"有一天我看到那个车上的缝隙那么大,他(魏银仓)说:'你去看看别人的车,都是这样。'我说:'那不行,重来。你必须给我做到零毫米,就是无缝对接。你没有理由说做不到。'"主持人问道:由从前的"走路",到如今的"跑步"甚至"冲刺",银隆能够胜任吗?魏银仓表示"尽力而为",董明珠马上回应说:"什么叫尽力而为?作为公司一把手,必须做到!除非你不在其位。在其位,谋其政,必须用极致的眼光要求你的队伍,这没有什么尽力而为的事情。……不是拥有先进技术就可以坐吃山空,做到极致未来市场才是你的。"

咄咄逼人的背后是一种焦虑。布局新能源,被视为董明珠和格力打破制造业瓶颈、进行多元化升级的关键之举。可在新能源汽车行业，银隆新能源并不占优，就总体销量而言连国内前十都进不了，仅在新能源客车这个细分领域有一定优势。比亚迪已连续4年销量全球居首，美国的高端品牌特斯拉也在中国建厂，董明珠如果不极限施压逼着银隆新能源"跑步"前进，银隆新能源真有可能被甩得越来越远。此外，魏银仓是初代创业者。据银隆新能源公众号公布的举报信息，魏银仓涉嫌与妻妹的公司进行近5亿元的不正当交易。董明珠则是职业经理人，2019年4月刚刚被《财富》杂志评为"2019中国最具影响力的商界领袖50强"第七名，也是前十名中唯一女性。作为现代商界领袖，她从不让一个亲属进入格力，更不会容忍魏银仓这种裙带关系。

实体经济与互联网经济的角逐

董明珠至今"念念不忘"的还有小米公司及其创始人雷军。

小米主要经营手机，与格力电器本没有太多关联。2013年12月12日的央视中国经济年度人物颁奖典礼上，雷军、董明珠获得"中国经济年度人物"称号。雷军说："小米模式能不能战胜格力模式，我觉得看未来5年。请全国人民作证，5年之内，如果我们的营业额击败格力的话，董明珠董总输我一块钱就行了。"

"一块钱不要在这儿说。第一，我告诉你不可能；第二，要赌不是1亿，我跟你赌10个亿。为什么？因为我们有23年的基础，我们有科技创新研发的能力。"董明珠说。雷军直言，"董总杀气惊人"。

此后至今，两人的10亿元赌局一直是热点话题。2013年，小米营收316亿元，格力营收1200亿元。两家公司每公布一次年报，各路媒体就来分析10亿元赌局的前景。2014年11月，有媒体就此事的进展采访董明珠，她说："在台下的时候，雷军跟我讲：董总，我回去仔细翻了你的资料，你这个企业太棒了，我找不到你的缺陷。这就是他的原话。"

在"赌局"开设一周年之际，小米斥资12.66亿元入股美的。本就对美的没有好感的董明珠说："我希望作为中国的企业，雷军的企业走出国门，但是很遗憾刚刚走出去就被封杀了，你偷了人家的专利。一个偷别人东西的人还称为伟大企业？要是我的话就不好意思说。小米和美的，两个骗子在一起，那就是小偷集团。如果有一天你的专利比我多，你的质量比我好，我真的有点急了，我得改变自己，我要加油了。"她指的是2014年，小米因涉嫌侵犯爱立信专利，被诉至印度德里高等法院，并被要求停止在印度销售涉案手机。

这件事董明珠说了好几年。2015年10月，她说："我讲雷军的小米是小偷，我怎么会讲错呢？他不敢说。"2016年2月，再次谈起此事，她说和雷军之间"没有任何矛盾"："我并没有恶意，这是一种真诚的态度。曾经有人跟我讲：你是个公众人物，讲话要注意一点，不能点名道姓说别人。我说：为什么？难道我们看到不正确的现象都不去说？那谁来说？怎样实现（中国制造）2025？就应该有这种真诚的态度。"

2018年过去了，"赌局"的谜底揭晓了。两家公司的2018年年报显示，格力和小米的营业额分别为：2000亿元、1749亿元，董明珠赢了。

格力与小米之争被视为实体经济与互联网经济之争，而互联网经济的增长比实体经济要快很多。两家公司2019年第一季度报告公布后，小米以437.5亿元的营业额超过格力电器的405.5亿元。其实"赌局"一开始，大多数人就认为雷军会赢。5年间，小米增长了4.5倍，格力仅增长了67%。

小米是互联网企业，格力是传统制造企业。正如北京大学经济学教授张维迎所说，互联网经济和实体经济是互补关系，不是替代关系，"所有的互联网都建立在实体经济的基础上，离开了实体经济，互联网什么都不是"。现在是"互联网+"时代，这个加号前后两边的企业、行业是需要齐头并进的，否则孤掌难鸣。

被董明珠怼过的人和企业还有很多，比如她说宝能系是"中国制造的罪人"，说中国汽车企业"粗制滥造"，等等。这至少说明她没有缺席这个时代的前沿议题。"和谐是斗争出来的。只有坚持打假，和不和谐、不良行为做斗争，我们才能实现和谐，才能让我们中国制造在和谐公平的环境下取得发展。"就在2019年1月董明珠声称自己是"好斗者"的同时，她也说出了这番话，"希望所有的企业要做祖国的一个健康细胞，我们每一个细胞都健康了，中国就强大了。中国制造一定是因为健康的细胞才能够走向世界。"

霸气好斗 苛刻自律

"没人恨不是完人"，董明珠曾对媒体如是说。通过与董明珠的对谈，《环球人物》记者从某种程度上了解到，这些恨意从何而来。她确实严厉，甚至有些不近人情、不讲情面，她的手下要时刻打起十二分精神，以应对她瞬间变脸。

有一次，厂房出现两度以内的温度偏差，董明珠当着媒体的面对负责人发飙："搞什么名堂？乱七八糟！"一名工作十几年的老员工，因为走了机动车道，被她开除。别的公司团建多是聚餐、旅游、唱KTV，格力团建的形式是军训。

在董明珠身上，似乎少了些亲情。母亲去世后，她后悔之前没能带着母亲上班，回家过年亲戚们也"不爱搭理她"；另外，她给员工建房，让他们住在一起，以便培养员工之间的"亲情"。当然，她自己早已与格力成为一体。无论我们聊什么，话题总被她拽回格力。她说如果有需要，愿意退休后当门卫。

格力为什么能成为中国制造的代表企业？董明珠的领导风格到底如何？我们试图在与她的交流中寻找答案。

"唯一的错是对员工太苛刻"

《环球人物》：您给别人留下的印象不是这么慈眉善目。为什么媒体上总有您那些发怒的、批评人的、拍桌子的时刻？

董明珠：那是在工作状态，有时候我觉得他们犯的一些错误是不应该犯的，就非常严厉，也非常气愤。

《环球人物》：您的苛刻管理体现在不近人情的细节上。

董明珠：是有一点，这我也知道。但是不这样严苛地对待自己，就是欺骗消费者。

《环球人物》：员工什么样的行为您最不能忍？

董明珠：弄虚作假。

《环球人物》：比如，您问他一个事，他可以说："这事我不知道，不归我管。"

董明珠：不管就不要在这个岗位上。

《环球人物》：或许您问错人了。

董明珠：我不可能问错人。因为2012年当董事长以后，我干了一件事，用4年时间制定了一套自己的质量管理体系，现在它已经作为国家标准。我觉得这不仅是对格力的贡献，而且是对整个中国制造业，最起码是对空调行业的巨大贡献，我挺自豪的。

《环球人物》：听说一名在格力工作了十几年的老员工，就因为有一次在厂区里走了机动车道，被您看到，就被开除了。

董明珠：没错，开除。

《环球人物》：至于吗？

董明珠：至于。那时候我们有8万名员工，如果说每一个员工都走一次车道，就可能发生安全事故，这是对员工的生命不负责任。我开除他是对8万名员工的生命负责。我也不忍心，不想开除，他的分管领导都来找我说情，说能不能给他一次机会？我说不行。

《环球人物》：员工在厂区内走机动车道就要被开除，这是白纸黑字的制度，还是您当时的决定？

董明珠：白纸黑字，之前我们公司列了很多自己的规矩。我们原来有那种拉物料的低拖车。有人认为自己很能干，觉得一跨就可以过去，但就是一念之差，人命没了，这是血的教训。可能很多老总认为不一样，说车子不能让他吗？或者去教育他：不能等车走完人再走吗？有时候我们的行为不是每时每刻都清醒，（事故）都是一瞬间的冲动出现的。

《环球人物》：一个员工犯了这样的错误就要被开除。那您要是犯了错误呢？

董明珠：一样，如果我要犯错，我一定会开除自己！所以我到车间去，依然照规矩走人行道。

《环球人物》：但您犯错的概率更多会在决策上。

董明珠：绝对不能犯错，自己给自己立规矩，不能犯错。

《环球人物》：您犯过错吗？

董明珠：我基本上没有犯过错。如果讲唯一的错，我就觉得对我的员工确实苛刻了一点，而且是不留情面，不分时间，不分地点，只要看见问题立马解决。

《环球人物》：这是个错误吗？

董明珠：我认为这是错误，别人也有自尊。我会去化解矛盾。我告诉他为什么当着那么多人面批评他，是让他知道犯了错是要付出代价的。

《环球人物》：您跟亲人关系好吗？家里人对您理解吗？

董明珠：他们不理解，觉得你的权力这么大，别人都为家里的兄弟姐妹干一件事，都给家里的人谋利。情理当中这可能是对的；但是从法理来讲，可能就是不对的。比如我让家里亲戚做一个供应商，不管质量好不好，我都付钱给他，他可以赚得盆满钵满。他是高兴了，但给我带来的是什么？对格力带来的是什么？第一，我的产品质量、对消费者的承诺就成虚的了；第二，部下看你的亲戚能开店了，他们就都跟着在上游开公司了。公司的品质怎么控制？我听他们在讲，有的企业一个人当了总经理，他的老乡全来了，我这里没有一个老乡。不要跟我讲你是老乡，我只看做事的风格，看你的思想、你的行为。

《环球人物》：有举贤不避亲的情况吗？

董明珠：没有，不行，只要是我的亲戚，达到质量也不要。因为这会破坏一个企业的文化，这就是我讲的，你要舍得。

《环球人物》：所以格力高管的亲戚也不在供应商范围内？

董明珠：不允许，绝对不允许。

《环球人物》：您过年的时候怎么面对那些亲戚？他们理您吗？

董明珠：很多人不爱理我，那不理也没办法。这就是大家小家的选择。

《环球人物》：作为女儿面对母亲的时候呢？

董明珠：其实从内心来讲，我觉得我是非常孝顺的。前几天我跟朋友在一起聊天，我就说我现在好后悔，当时如果把我的妈妈带在身边，上班就让她坐在我身边，为什么不可以？当时我考虑过。只是因为想到，我把我妈妈带来上班，那别人家里都有可能（有这种情况），是不是都把母亲带来。这又是一种权利挑战，所以我还是放弃了。妈妈走了以后才知道，自己应该放下一点工作上的事情。但是后悔没有用，因为如果没有这种付出，也不可能有今天。

"小小部长"推动质量改革

《环球人物》：您是不是一直处在特别忙碌的状态，没有时间去顾及家人、朋友之间的这种联系？

董明珠：一直是这样。我爱人去世早，否则我也不会到广东去了。我带着才两三岁的孩子（工作），去哪里开会也好，上班也好，都是自己抱着孩子。

《环球人物》：您就是做销售员出身，是吧？

董明珠：对，在安徽和江苏。我觉得格力最大的特点就是销售推动了企业内部质量的提升。我的主张是，消费者讲的一点小事都是我们的大事。比如消费者说（空调）每年要换氟利昂。实际上，一个真正好的空调是不需要换氟利昂的。正常情况下好产品没有漏氟的概念。因为我们有了偷工减料，或者品质控制不好，一年下来漏完了，第二年就要去充氟利昂。我们通过市场的反馈形成倒逼机制，逼着企业提高产品质量。

《环球人物》：您那会儿只是一个销售人员，用反馈回来的市场信息"逼"得动那些技术部门的人吗？

董明珠：逼不动。我们就天天把小事变成大事，天天喊。我说，消费者的反映不能说是一个"芝麻问题"，现在已经是"西瓜问题"了，很严重。

《环球人物》：这是您的策略。

董明珠：那时候我还是销售员，毕竟推动很慢。就因为我在市场待了几年，知道企业要做什么。1995年我当了部长，回去第一件事就是推动企业质量发展。当时如何控制质量？其实那时候我们很多零部件没有技术，都是买外面的部件，买回来以后好坏没有检测，再加上如果内外有勾结的话，劣质产品全部上线。所以哪怕做出来的空调再好，到市场中也会出现这样那样的问题。一台空调有成百上千个零部件，售后能承担得起吗？

第一个改变的就是质量可靠性。中国的空调行业以前没有自己的技术，都是买别人的压缩机、电机，甚至有的企业炫耀自己跟日本企业合资，有了一个合资压缩机厂，好像掌握了技术，其实依然没有掌握技术，别人给你的是落后的压缩机。日本1995年就是变频时代了，我们什么时候才推动？2005年才开始推动能效等级。

所以我们要成立筛选分厂，首先从零部件开始。过去技术员是以人来定零部件，（实际上）根本没标准。就说这个人跟我关系好，这个厂家的零部件好，就买了。为了杜绝这个，我虽然是一个小小部长，我说话别人也不听，但我就要推动，我就提意见，从销售角度跟老总反映，必须成立筛选分厂。筛选分厂成立以后，我们通过筛选，把劣质的不达标的零部件退出去。在那个时代，消费者喜欢格力空调，经销商说格力空调口碑好。为什么好？就是用材料堆出来的。

中国创造与中国制造

《环球人物》：您认为您这代企业家身上的使命是什么？

董明珠：我觉得只有企业家意识到自己的社会责任，用诚信来打动这个世界，市场才会越来越好。千万不要靠简单的网上一卖，"我便宜！"某某品牌说，"我卖999"；我说，（这些钱）我买材料都不够。这是典型的欺骗。

为什么我们公司出现几个（很好的）时期？第一，我们用营销推动企业内部质量管理的提升，成立了筛选分厂；第二，我们推动整个行业的进步，2005年提出来6年免费服务，因为我们当时看到太多的欺骗消费者的行为，偷工减料，以次充好，特别是能效标识以低充高，明明只有2.0的能效，他说已经5.0的能效了。这是什么概念？比如，2.0的能效消耗200块钱电费，他们敢跟消费者说自己是5.0能效，只要100块钱电费，这对消费者是一个极大的伤害。这种不诚信对我们中国制造也是一种污辱。

过去的几年，为什么中国制造是低质低价的代名词？习总书记为什么提出高质量发展"三个转变"？我们做制造业就应该响应号召，去推动进步，那些生产劣质产品的行为，要去跟它斗，要去喊。所以我们提出来，不要售后的服务才是真正的好服务。作为消费者当然希望安全有保障，坏了有人修。但消费者是希望修吗？一定不是。什么是消费者真正想要的，你就应该去做这件事，不是靠噱头、概念来欺骗市场。

《环球人物》：家电的智能化是未来的方向吗？

董明珠：一定是。

《环球人物》：请您站在这个全行业的角度判断一下中国家电企业未来，它的使命、它的突破点在哪里？

董明珠：还是在于创新。因为即便我们空调做得再好，还会有更新的要求。比如，冰箱怎样更加人性化，确保它里面食品的安全性。如何让消费者知道它的产品，这都是你要去研究的。

《环球人物》：冰箱也是个存在了几十年的成熟产品，别人也在不断地做技术进步。

董明珠：这就是合理竞争，只有都不断地创新技术，才是最好的竞争，这种竞争才能让消费者生活品质得到进一步的提高，这就是竞争的价值。但是我们（面对的竞争）很多时候是恶意的、攻击的、诽谤的，这叫无聊竞争。

《环球人物》：对技术执着追求，是您贯穿始终的一个理念。所以我们也能看到您总是在知识产权自主研发上投入很大精力，格力现在专利总数好像超过5万项了。面对侵权您如何应对？

董明珠：知识产权是最有价值的。我们做了一款空调，几年前就投放市场了。（当时）我们的相关技术比较保密，但没有申请专利。（某同行）拿我们的技术申请专利，然后起诉我们。但他们申请专利前我们就有了产品，结果这个案子他们败诉。反过来他们又把我们很多专利做成产品，那我们就要跟他们较量。

《环球人物》：技术的革新我们非常能理解，而且表示尊重，但一定要用自己研发的方式吗？购买专利不行吗？

董明珠：别人的专利也是研发出来的，你为什么寄希望于别人？为什么不能自己研发呢？

《环球人物》：这样比较快。

董明珠：我觉得这个跟快和慢没有关系。我们现在盖一栋100层的大楼，如果别人把地基打好了，我们就不知道这个地基是什么样。如果我再想盖150层，就盖不了了，楼很可能会倒塌。我掌握了地基，就知道地基的实力在哪里，那才能真正地让这栋楼建得更加完美。

《环球人物》：这种技术道路在短期内未必就能体现出它的市场效果。就说短期数据，格力竞争对手第一季度的销售数据优于格力，这个是公开报道的。

董明珠：我告诉你，在空调方面不用说，格力肯定是第一，我认为10年之内没有人能超过我，我这点非常有信心。信心来源于空调领域，我们掌握的核心技术是没有人可以比的。就像过去，第二名、第三名都想讲自己是老大，现在也有人讲自己在网上销售第一，第一季度销售第一，这都是为了在市场上树立信心。包括我跟雷军的5年之约，我比他多了二百几十亿元。如果我计算 5 年累计增长速度,那他们还早呢!我按 5 年累计加起来计算,他们就差得更远了。

让格力员工成为"亲戚"

《环球人物》:格力公司团建的活动形式是什么?

董明珠:我们每个部门每年都保持一次军训。到时候,你就可以看到一个独特的风景,下班以后各个部门都有自己的排序,在广场上进行军训。

《环球人物》:您参与过吗?

董明珠:参与过,因为每年我们的年终干部会都是在部队里面进行的。

《环球人物》:为什么一定要放到军营里呢?

董明珠:因为我觉得(军营)组织纪律性最强。我们现在的生活方式已经变了,大家那种集体的感觉很少了。通过在部队里集中军训和总结,他们能感受到一种军人的素质。

《环球人物》:您跟着一块站队练?

董明珠:对。

《环球人物》:做出大贡献的员工在格力会获得什么样的奖励?

董明珠:格力的企业文化很重要,他们那种激情,有时候很感动我。格力有今天不是因为我,而是因为这批优秀的年轻人。他们获得的奖励,不是简单的经济上的。其实格力主张的就是人的这种尊严,他们有一种自豪感，特别受人尊重。我曾经跟他们说过，收入不是你们考虑的（问题），收入是我考虑的。2018年我开始推动一人一套房，要保证9万员工都能够实现一人一套房。

《环球人物》：您把货币发到他们手里，让他们自由支配，不好吗？

董明珠：现实社会都有一种浮躁，即使自己买房，回家晚上对门是谁都不知道。我们（给他们买房），无形之中他们形成了一种亲戚的关系。他们回到家，这个院子里面都是熟人，都是自己人，有那种邻帮邻、亲帮亲的氛围。

《环球人物》：这让我想到了计划经济时代的那种工人村。

董明珠：这跟计划经济是不一样的，计划经济是国家安排生产任务的，现在企业是让市场需要来做决定的。但是不等于市场需要做决定，就把该给员工做的计划放弃了。我觉得这是两个概念，不一样。

《环球人物》：您还是希望大家住在一起。

董明珠：当然。我在格力电器讲，格力的文化就是奉献文化、大爱文化。我跟几个负责人讲，你们哪个人接我的位置，首先要正面回答我：当"大家"和"小家"摆在一起的时候，只能选择一个，你选择谁？这是一个很难的话题。

《环球人物》：您希望他们选择谁？

董明珠：选择"大家"。因为这个"大家"是几万个员工，乃至几亿个消费者，你要选择他们。你必须放弃自己的快乐和享受。因为只有放弃了，才能让更多人享受快乐和幸福，这个道理一定是这样的。习近平总书记有句话，"我将无我，不负人民"。我听到的第二天，这句话就在公司"上墙"了，每一个员工都要学习。我跟他们说，总书记讲话你不要给我背出来，但是其中的内涵、精神都要融入你的行为里、血液里，这是一种大爱。我们每一个人都愿意舍得，实现这种大爱，我们都为别人着想，这个社会能不和谐吗？

《环球人物》：您是希望格力的高管有这种舍"小家"为"大家"的情怀，还是觉得所有的有社会责任感的大企业高管，都应该做到这一点？

董明珠：（所有）管理者。其实我2012年真正当总经理，媒体也有一个说法，说董明珠一个人独霸了（格力），完全没有人制约她了。我们现在的很多问题，不是没有监督，但是更应该强调自律。如果每个人都靠后面一个人来监督你，能干得好吗？你不是主动的。你要真正爱，就会做好一个工作，这是要自律的。

《环球人物》：如果有一天，董明珠不再是格力董事长了，这种文化还会持续下去吗？

董明珠：一定要。我希望把这种文化建设成一个体系，希望格力人出去，（大家知道这）就是格力人。

《环球人物》：有一天您真的退休了，下一个人生目标是什么呢？

董明珠：我觉得人的价值就是，在位一定要对你的岗位负责；不在位了，就在新的岗位面对新的要求。我想要做的事情多了，比如去种花、写书，做公益也可以呀。如果需要我去当门卫，都可以，如果我有那个能力的话，这有什么？活好每一天，那是最有价值的。

一秒典雅一秒爆发

骨子里是个推销员

2019年5月，由安徽卫视、人民网人民视频、《环球人物》杂志社、海棠映日联合出品，古井贡酒·年份原浆古20独家冠名的高端经济人物访谈节目《品格》开始录制。当月，董明珠参加录制。在录制现场，节目编导发现董明珠和主持人附近的地面有一些灰尘，紧急叫停，让工作人员赶快擦一下地。几个小伙子快步上台清理地板，董明珠的助理则赶忙给她递上水杯，工作人员迅速上来给她补妆。

就是在这么兵荒马乱的现场，董明珠喝完水、补完妆，看了一眼地板，向大家说起了一款格力最新推出的空气净化器："实际上，如果现场有我们的净化器，那么他们擦的这个灰尘就不存在了。"她一边说一边比画，"这款空气净化器是我们特制的，能把病毒杀掉，灰尘根本落不下来，不需要换滤网，可以实时看到空气质量情况。"从发现灰尘到清理完毕只要3分钟左右，董明珠都要抓紧时机对数量有限的现场观众推销自家的产品。

这一刻,《环球人物》记者强烈地感觉到,哪怕今日的董明珠高居格力电器董事长,骨子里仍透着一股推销员的气质,这是她20多年工作经历的映射。20世纪90年代初,董明珠初到格力电器时,是去安徽做业务人员。"说实在话,那时候连空调是什么东西我都不懂。我去的时候,恰巧遇到一个很大的难题,上一任的一个业务人员,留下了一笔40多万元的债务。很多人都说,董明珠你别去追了,这跟你没有关系。我跟他们说,我是格力的员工,今天我接替了他的位子,我就要对企业负责任。这一笔债我追了40多天,天天堵在债主的门口,他到哪儿我就跟到哪儿。"董明珠回忆,最后她终于把债追了回来。

1992年,38岁的董明珠一人在安徽的销售业绩就占了整个公司销售额的1/8;奉命开拓不景气的江苏市场时,她用一年让销售额增长10倍;1994年,她成为格力电器经营部长,格力的销售收入又增长了7倍。"那时我的目标就是成为全公司最好的销售人员。"董明珠回忆说。

在2001年董明珠出任格力电器总经理时,员工不乏疑问:一个做营销出身的领导,会不会在公司管理上偏向自己擅长的领域?格力电器前任董事长朱江洪是做技术出身,在任期间出台了"总经理十二条禁令",推行了"零缺陷工程",奠定了格力产品在业界的质量优势。没想到董明珠不仅保持了传统,对技术研发的重视更是近乎疯狂,对技术研发经费不设上限。每每有人问到董明珠研发经费的问题,她都会坦诚地回答:"我自己也数不清!"

2018年10月22日,习近平总书记到格力电器公司考察,在董明珠的陪同下先后视察了公司展厅、精密模具车间和重点实验室。习近平总书记说,从大国到强国,实体经济发展至关重要,任何时候都不能脱实向虚。制造业是实体经济的一个关键，制造业的核心就是创新，就是掌握关键核心技术，必须靠自力更生奋斗，靠自主创新争取，希望所有企业都朝着这个方向去奋斗。董明珠后来接受记者采访时说："总书记考察全程都关心实体经济和自主创新，这是对所有制造企业的殷殷嘱托。实体强则经济强，则国家强。要实体强，必须闯别人没闯过的关，用创新抢占未来话语权。"

2019年5月14日，格力公司举行科技创新大会暨2018届科技奖励大会，共计发出奖金5000万元，单项目奖金最高达120万元。自1997年起，格力科技进步奖颁奖已开展16届。2018年，董明珠在会上说人才是格力最大的财富。"过去中国企业想要快速发展，要靠买技术和引进国际人才。我们中国为什么不能有自己的技术人才？"据董明珠介绍，2012年以来，格力在6年多的时间内，研发人员从800多人发展到现在的1.3万人。这也正是董明珠逢人便推销自己公司产品的底气。

如今，在北京的一些公交车上还能看到"让世界爱上中国造"的广告，广告中的代言人正是董明珠本人。她曾说："'让世界爱上中国造'是我的梦想，相信也是很多中国制造业企业家的梦想。"在《品格》录制现场休息间隙，她的话题从推销格力转到"中国造"："现在做产品，一定要想到消费者最需要解决的是健康问题。一个企业要想生存下去，一定要对市场负责，绝不能炒概念或者欺骗消费者，以次充好。"说这些话的时候，她并不在意是否面对镜头。

也有慈眉善目时

董明珠自步入《品格》录制现场那一刻起，就呈现出一种特殊的气质。在和主持人、现场工作人员进行私下交流时，她说话慢条斯理、柔声细语，这与她留给人们的风风火火、咄咄逼人的印象有着很大差别。

主持人指着一张董明珠温和典雅的宣传照说："说实话，你平时在媒体上，给别人留下的印象，还真不是这么慈眉善目的。"董明珠并不吃惊，反问主持人："那你现在看了我本人，是不是这样啊？"主持人回答："现在你给我的印象，跟这张照片给我传递的感觉是一致的。"

"别人都讲我这个人好像没有感情，只讲原则。实际上讲到骨子里面，我是感情最丰富的人。对家人，我不会用一种简单的语言表达，只要他们有困难的时候，我会毫不犹豫地去帮助他们。"董明珠说。

董明珠刚上任经营部长时，有经销商找到她的亲哥哥，希望通过他的关系拿到3000多万元的货，并答应给他2%的提成。哥哥来到珠海，却被她严词拒绝。事后她给那个经销商打电话，对方以为已经打好了招呼还很兴奋，不料电话另一头董明珠只说了一句："以后我们都不再给你供货了！"这个经销商打电话问董明珠的哥哥："这是你亲妹妹吗？"

当天董明珠收到了哥哥的绝交信，她没有解释什么，两人一别便是十几年。直到2014年，冷战状态因哥哥生病而打破。从姐姐那里得知哥哥生病后，董明珠到医院看望。闲聊间，哥哥告诉董明珠他早已原谅了她，对她的付出表示理解。他一直在电视上关注着妹妹。"当初你能给我方便却不给，现在我想通了，如果我们都去拖你的后腿，格力电器就没有今天。"这场家庭纷争因董明珠反复提及而被人们熟知。很多人讲故事只讲前一半，说董明珠这个人不顾情面，却很少提到故事的最后是家人间的温情和理解。

20世纪90年代中后期，各地空调市场频现价格战。当时，武汉有四大经销商，每家销售格力产品的金额都超过1亿元，但低价使他们赚不到钱，甚至面临倒闭的危险。当时有一种声音：站在厂家的立场，最简单的办法就是另起炉灶，把他们驱逐出格力经销商的范围。时任副总经理的董明珠前去考察一番后，没有这么做。她觉得应该由格力牵头，把4家经销商捆绑在一起，共同出资成立一家公司。这样各自的利益就变成了大家的利益。董明珠将这个想法报告给时任董事长朱江洪，朱江洪认为很好。4家经销商也都认为这是个好办法，有的经销商说："董明珠是观世音菩萨，救苦救难。"1997年冬，格力第一家股份制销售公司——湖北武汉格力电器销售有限公司在武汉成立。后来，这种由厂家与商家捆绑经营的销售公司，被经济学者称为"20世纪全新的营销模式"。

总有媒体问董明珠：你有没有犯过错？她总是回答自己从不犯错。事实上，在公司内部的具体决策上，如果出现偏差，她总是会主动调整。前几年，她觉得有的消费者家里的空调用了20年了，应该给这样的老用户更新换代，因为机器用过一二十年后，可能会老化，存在诸多隐患。"我做了个决定，由我们企业拿20亿元出来，消费者的空调用了10年就帮他们换。"董明珠说。很多人反对，说这个政策不行，因为很多人会趁机弄虚作假。董明珠觉得有道理，就把决定取消了。"正确不正确不是你自己说了算的，是真的要经得起市场考验。"董明珠说。

一不小心就爆发

在《品格》节目录制现场，"慈眉善目"的董明珠甚至让《环球人物》记者有些不适应——难道之前她在镜头前的那种"爆发力"是演出来的？没过多久，记者的那种形象"错位感"就消失了。当主持人将她与雷军10亿赌局的话题抛出来时，她那股"爆发力"瞬间被激活。

董明珠：你看2019年小米财报仅仅是一个季度超过我们百分之几，媒体就天天报道说小米超过了格力，这样有意义吗？

主持人：谁让你跟人家打赌来着，大家都记着那个赌局呢。

董明珠：赌局的钱实际也没给我，我根本不在乎这个赌局，我在乎的是我们的观念。

如同骨子里藏着的推销员气质一样，董明珠这种锋芒也是长年累积形成的。在2013年的一次采访中，她自揭家丑。"我们曾经有一名搬运工，在旺季时，你得送一箱矿泉水，他才给你先上货。腐败并不一定在高官中产生，每个人的权力交易过程中都可能产生腐败。怎么管理呢？建制度。每天我都编好一二三四五六七八九，必须按这个顺序出货，你如果把第三、第五调到先上货，我们抓到了，就开除你。"

有一次，一名工作人员在没收到货款的情况下就给经销商发了货，这让董明珠大为光火，因为"先款后货"是她一进格力就坚持的理念和策略。但这名工作人员是时任董事长朱江洪介绍过来的人，很多人不敢得罪他。董明珠当即处罚：罚款，通报批评，降一级工资。"我并不是刻意跟他过不去，我觉得要树立一种正气，必须这样做。董事长开始也是批评我的，把我拎上去：你通报就可以，凭什么降他一级工资？我的话很简单，我说以我的权力只能降他一级工资。如果说我的权力大了，可以把他开除，我就一定要把他开除。"

此事并没有让董明珠和朱江洪闹翻，朱江洪反而给了她"很大的空间"。2012年，董明珠接替朱江洪担任格力集团董事长兼格力电器董事长。

后来，董明珠面前来了个有关系的人，此人说："我是某某市长推荐来的。"董明珠回得很硬："你不要讲市长。你今天跟我坐在这儿只讲你能干什么。如果你是市长，我这个位子应该给你坐，市长肯定比我要聪明，我就不能坐在这个位子了。但今天不是市长来，是你来。我们这里不管任何人介绍来的，都要通过我们规定的程序到车间工作半年。"

董明珠在2019年1月连任格力电器董事长。在《环球人物》记者印象中，她总是精力充沛，很少有人见到她疲惫的样子。多年前的一篇报道称，36岁的董明珠心理年龄只有18岁，闯劲十足。2016年的一场活动中，她推介完格力产品后说："我测试过我的年龄，说我才25岁，因为我的内心有爱，有目标，有梦想。"也是在那一年，她有感于很多中国人到日本买电饭煲，在北京主持了一个电饭煲盲测活动，结果格力的电饭煲战胜日本电饭煲，做出来的米饭口感被评为最佳。

在回应退休问题时，董明珠仍然说："我的心理年龄只有25岁。"至少从《品格》节目录制现场来看，她依然精力充沛。当主持人问她，放假没工作的时候，你在家里一般做什么？董明珠回答："我很少放假。"主持人继续逼问："那你总有放假的时候。"董明珠说："如果有一天真有放假的时候，那就在家睡个懒觉。"主持人追问："睡醒了呢？"董明珠固执地说："睡醒起来，又在想干活儿。"

（文/田亮　杨学义　王媛媛）

刘永好：让农民有尊严地工作

2019年6月，刘永好在四川成都接受《环球人物》记者采访。

20世纪60年代的一天，川西下大雨，岷江边上的人往远处一瞥，甚是奇怪：一棵小树正往河岸"走"。人们走近一看，一个男孩拖着树，半个身子没在水中，费劲往前挪，脸上的水不知是雨是汗。

那是少年刘永好。小时候家里穷，一到暴雨天，他就去岸边拣被山洪冲下来的树叶、树干和小树，拉回家晾干，当作柴火卖掉，补贴家用。他还捡煤渣、掏牛粪、种蔬菜、养鸡养鸭，干遍各种农活。

半个世纪过去了，当初的少年已顶上"首富"光环。记者对刘永好的采访是在《品格》的录制现场。这是由安徽卫视、《环球人物》杂志社、海棠映日联合制作，古井贡酒·年份原浆古20独家冠名的高端经济人物访谈节目。但此刻向记者走来的刘永好，不似人们印象中的"高端人士"。他脚上踩着的是一双磨出线的运动鞋。

刘永好创办了中国最大的饲料企业，还做乳业、开银行、办地产，将企业发展为现代化的大型民营集团。他经常跑养殖场、下田间、研究饲料、开大会，为便于行动，更喜欢穿运动鞋。他告诉记者："我是中国农民的好朋友。"他大半辈子都在做和农民相关的事，见证了中国农民的经营之道从传统种植转向互联网创新。

"鹌鹑大王"发明中国第一个墙体广告

刘永好的父亲在1938年加入地下党，还在读大学时就参加了抗日救亡运动，后来成为土改工作团的团长。尽管父亲在"文革"时期遭受牵连，导致全家贫困潦倒，但给刘永好留下了一辈子的精神财富。"父亲有闯劲，能吃苦、能战斗。我的骨子里有他的基因。"因此，大学毕业后，刘永好做了一阵子教师，却毅然放弃"铁饭碗"去农村创业，就是看到经济改革的苗头。

养鹌鹑让刘永好挣到人生中第一桶金。1982年流行一个说法：1颗鹌鹑蛋的营养，相当于3颗鸡蛋。再加上鹌鹑繁殖快，一天能下1颗蛋，即便那时人们生活水平不高，但刘永好相信注重营养是趋势，养鹌鹑很有前景。于是，他和兄弟引进鹌鹑苗自己养，还研发鹌鹑饲料，拿了专利。就这样，刘氏兄弟逐步成为全国的鹌鹑养殖大户，他们办的育新良种场也一度是全球养殖鹌鹑数量最多的企业。后来，他去了深圳，看到外国饲料进入中国、生意红火，回来与兄长们商量，1987年成立了希望饲料厂，果断全面转产猪饲料。

当然，卖饲料也要想办法营销。他在走乡串户推销时灵机一动，想到在农民家的院墙上刷"广告"。当时还没有"广告"一说，他找到农民朋友:"我在你家围墙上刷油漆行不行?刷一刷更好看,不收你的钱。"农民一听,他能免费帮自家墙面"化妆",欣然同意。刘永好买来涂料和油漆,刷黄底、写红字,特喜庆。农民很高兴,说他把土房变得更洋气了。一传十,十传百,许多农民找到刘永好,让他给自家的房子"上妆"。连续几年,刘永好在川西刷了上万幅墙头广告。"后来,农民明白了,这是广告,要收费的。我们就开始交钱了。"

1995年,广告法正式施行,四川电视台开辟许多广告段位。但一开始,商家对打广告还不熟悉,没什么人买广告,不少电视广告段位空着。刘永好就把空当时段买下来播企业的口号:"养猪希望富,希望来帮助。"于是,人们一打开电视,就能听到这句话,刘永好养猪大户的形象深深印在人们心中。

参与创办两家银行,化解私营企业融资难

1993年3月,刘永好以全国政协委员的身份首次参加两会,后来当选全国工商联副主席,是首位担任该职的企业家。邓小平南方谈话后,民营企业蓬勃发展,但仍然很难获得传统银行的金融信贷服务。在两会期间的座谈会上,刘永好提起此事,获得工商界政协委员的响应。他们联名递交一份提案,并经过3年的争取和筹备,成立了新中国第一家由民营企业主办的全国性股份制商业银行——民生银行。

这家银行的命名还和爱国实业家卢作孚有关。20世纪20年代,

卢作孚在重庆创办长江航线最大的私营轮船公司民生公司，掌管着川渝重要航线。抗日战争期间，民生公司运送大量作战物资，为抗战胜利做出巨大贡献。

"民营企业要想着为民众服务，为社会服务。"刘永好是银行筹备组的一员。他还记得，当时他们找到卢作孚的后人，询问能否使用"民生"作为银行的名字，对方欣然同意。于是，民生银行挂牌成立，时任全国工商联主席经叔平为银行董事长，刘永好作为第一批股东代表担任董事和副董事长。

一开始，同意投资的民企不少，根据报名资料的统计，银行注册资金能有100多亿元，但最后只筹到了13.8亿元。刘永好回忆："当时经老（经叔平）就说了一句话：行，13就13吧！"民生银行从13.8亿元起步，20多年，已发展成为一家资产规模7万多亿元的大型银行，连年入选世界500强企业，2019年排名第232位。

虽然一直深耕实体产业，但刘永好并未降低对创新金融的关注，近十年来，互联网不断发展，刘永好于2016年和雷军等企业家成立四川首家民营银行——新网银行。这也是继网商银行（阿里巴巴旗下）和微众银行（腾讯旗下）后的中国第三家数字银行。

"新网"寓意新一代互联网，"移动互联网改变了农村青年的生活习惯"，刘永好用数字银行帮家庭农场主融资。"他们给自己拍照，通过手机上传照片。只要几十秒，我们就可以判断能否给他们贷款、贷多少款。最低借几百元、最短期限1天，满足了小微群体'短、小、频、急'的资金需求。"截至2019年6月，新网银行共放贷2500多亿元，在线放款额度也超过800亿元。

"绿领将是蓝领、白领、金领都羡慕的职业"

在 2019 年接受《环球人物》记者采访过程中，刘永好和记者聊起了当年很火的"农民网红"华农兄弟。华农兄弟给竹鼠拍视频，直播养鼠细节，轻松诙谐，成了网红。"农村有很多聪明的年轻人，经常思考如何把农产品介绍给更多人，短视频就是一种当前很流行的方式。"在刘永好眼中，"华农兄弟"是新型农民。他们与传统农民的区别是，受过高等教育，有知识、有文化、懂生活、会赚钱。新型农民包括农村技术人员、农场主、农村电商、家庭旅馆的经营者。

谈及未来，刘永好计划"5 年培养 10 万个新型农民"。他告诉记者，城市有蓝领、白领、金领，这些新型农民则是"绿领"。他们生产健康、环保的农产品，这种产业能做长久。刘永好说："绿领在阳光下工作，头顶蓝天白云，脚踩大地草原。我希望农民都能有尊严地工作，绿领将是一份蓝领、白领和金领都羡慕的职业。"

截至 2019 年采访时的统计，新希望的员工超过 7 万人，刘永好希望非农出身的员工也能了解农业，就让干农活成为员工培训项目。在采访现场，记者见到了几名新希望员工。他们说，不仅是中高层，就连刚进公司的员工也必须去实地了解饲料、养殖、加工业务，熟悉整个农业产业链。

21 世纪初，一批国有企业开启混合所有制改革，新希望在这一时期入股、收购了一批区域性乳企，这便是新希望乳业的雏形。十余年来，乳业板块不断发展,新乳业于2019年1月登陆A股,步入新的发展阶段。

刘永好记得,小时候喝牛奶,得等养牛的人挑着担子到家门口。刘永好看着养牛人一点点挤出牛奶,喝到鲜甜牛奶的那一刻特别幸福。"挤出来的牛奶,当天不喝完,一定会坏。"

过去一代人的回忆变成了今天消费升级的动力。为了与主打常温奶的巨型乳企竞争,新希望乳业主推了一款"24小时鲜牛乳"。"奶从牛身上挤出来,得马上冷藏、运输、消毒、制罐,最后送到卖场。这样下来,24小时内必须卖完,不然就得倒掉。"截至2019年采访期间的统计,新希望乳业旗下已有8家乳品厂牌通过中国优质乳工程认证,"新鲜、新潮、新科技"成为核心竞争力。

办企业37年来,外界给了刘永好很多身份:养猪大户、饲料大王、银行家……他则说:"其实大米也好,牛奶也好,猪、鸡、鱼、鸭也好,都是人们生活必需的。现在国家经济发展了,人们生活水准提升了,'新希望'的意思就是满足人们不断提高的生活要求。"刘永好想培育新型农民,是觉得他们勤奋拼搏,有新知识和新智慧,懂得用新方式发展农业。"从这个意义上来说,'新希望'在年轻人身上。"

(文/陈霖)

梁稳根：企业家最不能忘的是社会责任

2011年9月初，年度"胡润百富榜"出炉，三一集团董事长梁稳根以700亿元的身家成为首富，取代了娃哈哈集团董事长宗庆后。随后，福布斯公布了"2011中国富豪排行榜"，梁稳根以个人净资产93亿美元（约合590亿元人民币）再次登顶。"双料新首富"让很多人第一次认识了这位低调的湖南老板。

《福布斯》杂志曾专门刊文，称美国的波士顿咨询公司针对中国对全球的潜在影响力进行了一次调查研究，其结论认为"中国重型设备行业的前景是如此的一片光明""中国的重型设备供应商们也有着强大的潜能，能撼动整个行业"。该研究机构还提醒"跨国公司们必须多加提防"。

当年，作为刚刚进入世界500强的三一集团的老板，梁稳根不仅在国内名声越来越大，在世界上也受到关注。2022年1月，梁稳根辞任三一重工董事长一职。

当过篾匠，贩过羊，卖过白酒：从地下室起家

这个世界每天都在上演"穷光蛋变富豪"的故事，然而，由一穷二白晋升"中国首富"的版本却几乎没有。好像只有2011年的"新首富"、三一集团董事长梁稳根是个特例。他出生的时候，家里无房无地、已经穷到"快要要饭"，今天他却可以坐拥几百亿元资产。关于梁稳根的发家史众说纷纭，为了探其究竟，2011年《环球人物》记者曾走进三一集团，重走了这段"首富创业之路"。

道童村里的停机坪

涟源市地处湘中，风景秀丽、人杰地灵，辖下的茅塘镇更被誉为"森林公园"。传说这里是药王孙思邈的故地，依山傍水，气候冬暖夏凉。

汽车行驶在山路间，不时颠簸于坑洼中。尽管景色宜人，但茅塘镇的旅游业并不发达，经济还属于涟源最贫困的地区之一。加之教育水平相对落后，这里很多人外出打工就为了走出大山。这其中就有梁稳根。

梁稳根出生在茅塘镇的道童村，当时家里十分贫困，甚至是村里条件最差的一家。连简陋的破土屋都是借来住的。梁稳根的祖辈是编篾筐的篾匠。从他太爷爷开始，这门手艺一直传到梁稳根这一代，举家以编篾筐为生。梁稳根一共有兄弟姐妹七个，1956年他出生的时候，已有三个哥哥，后来人们都称他为"篾老四"。也许正是看到了穷困潦倒的环境，梁稳根从小就沉默寡言，但学习成绩突出。

如今，梁稳根家的老宅早已不在，取而代之的是一栋小洋楼，尽

管年久失修，但门口的石狮、四围的植物似乎说明了这一家并不普通。现在这里是梁稳根的堂兄梁胜堂的家。由于当年的采访适逢国庆节，家中无人。不过，记者还是找到了传说中梁稳根新修建的直升机停机坪。那是旧镇政府东边的一处几百平方米的空地，水泥台上赫然写着"三一重工"四个大字。更为巧合的是，在茅塘镇有一处涟源材料厂，厂房尽管比较陈旧、规模不大，但里面也有一处直升机停机坪，据说这是生产高强度钢板的三一集团的"核心机密厂房"。

其实，类似这种梁稳根的痕迹，在道童村还有不少。曾有媒体报道，村里水泥路、大桥甚至学校都是梁稳根出资兴建的。据不完全统计，他已为家乡捐赠超过6000万元。而他财富的源头也在这里。

把握住"大兴土木"的机会

梁稳根尽管是农家孩子，但凭借不懈的勤奋努力，他在恢复高考后的第二年考取了中南矿冶学院（现为中南大学），学的是材料学专业。他那时是茅塘镇为数不多的几个大学生之一。据说，当时镇里还为此庆祝了一番。1983年，梁稳根大学毕业后被分配到国家兵器工业部下属的湖南洪源机械厂，两年后就升任该厂体改委副主任（副处长级）。后来，他放弃了铁饭碗下海创业。关于他下海的原因，很多媒体说他是"向往万元户生活"。但据记者对梁稳根老友施先生的采访了解，真正的原因其实是：洪源机械厂属于军工系列，在当时的社会环境下，效益非常差，为了生存，梁稳根不得不下海创业。梁稳根当时对厂里说："如果下海失败了，我就回老家当教书先生去。"在创业之初的1986年，梁稳根曾经尝试着做贩羊的生意，因为听说当时卖一只羊就能赚20块钱。可当他从常德等地进了大批的羊之后才发觉，原来该消息过时了，最后钱都打了水漂儿。后来他又干过卖白酒、倒腾玻璃纤维等产品的事，但也都是赔得一塌糊涂。然而，梁稳根并没有因此去当"教书先生"，反而在商海里越游越有兴趣。他认为，虽然自己赔了钱，但碰到了唐修国、毛中吾、袁金华三个好兄弟，大家表示成败与否都不离不弃。这在后来被看成梁稳根三一团队的雏形。

有很多人说梁稳根的成功很偶然，但他的好友施先生曾对记者说："梁稳根是一个很勤奋、很会抓机会的人，他敏锐地把握住了前20年国家大兴土木的机会。"在几次创业失败后，梁稳根开始分析失败的原因，他认为主要失败在产品方面。因此，他决定投产一种市场上缺乏的有色金属焊接材料。于是，梁稳根号召其他三个兄弟一起回家借钱，四个人最后凑足了6万元，就大胆地成立了涟源茅塘焊接材料厂。当初厂子建在一个地下室里，条件极为简陋，如今这个厂区已经成为三一集团员工的厂史教育基地。当年，梁稳根等几个人，每天钻到地下室，钻研实验配方，进行工艺改造。经过数百次的努力，他们终于研制出了一种叫作"105铜基焊料"的产品。然而，匆匆生产出的新产品，却达不到消费者的要求，结果被全部退货。梁稳根终于明白，靠眼下的几个"外行"，根本不可能成功。于是，他回到大学，恳请自己的老师翟登科帮忙。看着自己的学生如此执着，翟登科也加入了这个研发团队。最终，改良版的105铜基焊料成功问世。靠这个产品，他们的第一笔货款就挣了8000元。大家欣喜若狂，抱在一起激动得落下泪水。

有了钱，梁稳根瞄上了各地大兴土木搞基建这个大市场。他拿出所有资金投身重工业制造领域，他说："基础建设我们虽然不懂，但基建行业的设备我们还是懂的。"对于这段历史，现在也有两种不同的解读版本。一种说法是梁稳根也曾尝试过电子等其他领域，重工业只是其中一次试水；另一种说法是他一直以"产业报国"为理想，渴望改变中国重工业落后的局面。然而，不管怎么说，梁稳根这一步走对了。他的小厂在1989年实现了千万元的收入。

1991年，梁稳根的企业正式改名为"三一集团"，并邀请职业经理人向文波加入管理团队。向文波给梁稳根的第一个建议——把企业搬到长沙去。梁稳根听从了他的意见，在长沙开始研制混凝土输送泵等工程机械产品。为了提高技术水平，他像当年请自己老师一样到处请专家加入三一集团，其中很多还是外国专家。在高手帮助下，当年三一集团产值就突破了亿元。在之后的10年里，三一集团以年利润50%的增长率飞速发展。

成功离不开和谐的家庭

梁稳根的成功还在于他有一个幸福和谐的家庭作为后盾。梁稳根老家的人告诉记者，他的妻子叫李立华，是涟源市当地荷塘镇人。当年，李立华是市妇幼保健院的医生。两人结婚后一直十分恩爱，育有一子，叫梁冶中。在三一重工厂区，很多员工偶尔能看到梁稳根夫妇在厂区内散步的身影。

如今，茅塘镇和道童村的居民已经很少见到梁稳根回到这里，他年过八旬的父母早被接到三一总部和儿孙住在一起。据接近梁家的人士透露，梁稳根还会亲自为父母洗脚、剪指甲。他的儿子梁冶中从英国留学归来之后，就在三一集团从车间调度员做起，截至记者2011年探访期间，他已经升任副总裁和财务总部总监。

此外，接触过梁稳根的人都说，其家风甚严，对待亲眷也从不宽待迁就。一个在三一集团广为流传的故事是，梁稳根的夫人李立华有一个娘家亲戚，在三一重工工作，因干得不顺心，和人怄气，想调整岗位，就请李立华找梁稳根说情。结果，不仅遭到拒绝，还受到严厉批评。事实上，据记者了解，虽然三一重工属于民营企业，但在管理层中，基本不会因私情违反用人制度。

走完梁稳根这段创业的足迹，记者深刻感触到，终点似乎并不是长沙的三一集团总部。几十年的辛苦经营，让梁稳根这样一个民营企业主有幸取得如此的财富和地位，偶然之外也有必然。他早已提前10年实现了将三一集团打进"世界500强"行列的目标。

每天组织升旗，定下宏伟目标：湖南倔人的治企方略

"三一集团的资产在10万元的时候，是我'个人的三一'；到了100万元的时候，就是'企业的三一'；到了100亿元时，就该是'国家的三一'。"梁稳根曾如此描述自己和三一集团的关系。因为三一，他拥有了"中国首富"的美名，截至2011年三一集团已成为全球最大的混凝土机械制造商、中国重工业代表。可以说，这个湖南男人和这家企业相互成就了彼此。

2011年，记者走进三一集团内部采访参观，探寻出了梁稳根的治企方略。

探访三一集团总部

三一集团总部位于长沙市东北部的长沙县,距长沙市区 20 公里。在去长沙县的路上,两边拔地而起的楼盘数不胜数,很多是三一集团自己兴建的。三一集团在长沙县拥有占地数千亩的厂房、联排宿舍区、豪华办公区、别致休息区,与县城质朴的气质大相径庭。

2011 年 10 月 8 日,记者赶到三一集团总部的时候,员工们刚进行完每天必修的"早课":早上 7 时 45 分,整个集团按照部门分类在各自办公楼前做早操。宣传文化部的周娜向记者介绍:"尽管早操过程只有不到 10 分钟,但我们每天都会整齐列队、认真完成。大家都觉得这是强身强心的好事,没有一个人会去敷衍。"早操之后,员工们还要参加升国旗仪式。8 点整,数万人瞩目国旗升起的场面,甚是壮观。

在厂区的大门口,记者和集团媒介主管小杨被一个 20 岁出头的保安拦在门外。保安面无表情地要求小杨必须出具"三证"才能进入——宣传部门开具的出入证明、保卫部门的协调函和记者的登记证明。小杨说:"我们已经和保卫部打过招呼了。"保安依旧严肃地回答:"不行!必须开'三证'。"无奈之下,小杨只得去开证。就在记者等候小杨的时候,恰好一位集团领导开车出门,保安大喊一声:"领导!对不起,请您接受检查。"并飞奔到车窗处行礼,认真地把车里看了个遍,才放这位领导离去。记者问保安:"你这么盘查,遇到特殊情况不会耽误事情吗?"他回答:"在这里,只有三一的事情才是特殊情况,其他的事都要让路。"

记者来到 1 号主楼,在过道里,梁稳根获得"2005 年 CCTV 中国经济年度人物"的巨幅照片十分醒目;在厂区街道上的宣传栏里,贴着梁稳根陪同温家宝、贾庆林、曾庆红等中央领导视察的照片。这位"特殊人"无处不在。

但他同时又是低调的。据集团相关领导向记者透露:"梁董一直希望淡化自己的色彩,突出三一这个品牌。曾经有一些领导希望以梁董个人化的东西作为企业文化,被他严词拒绝。"

数十年不变的管理团队

民间有一种说法,世界上有三大最倔强的人群:英国的爱尔兰人,德国的普鲁士人,中国的湖南人。梁稳根这位外表儒雅的湖南人,也具备这样的性格特征。他儿子梁冶中说:"我觉得他有点像林肯。林肯为了理想不断地暗示自己一定会成功。暗示的次数越来越多,就变成下意识和条件反射了。这是一种强大的意志力,我爸也是这样。他和他的同事们都有一种极其伟大的信念和理想,觉得这就是他人生的最终价值。他对于自己的目标简直有一种膜拜。"

在三一集团管理层心中,梁稳根是一个"高举理想主义旗帜的追梦人"。据说,他在大学时代就有一个梦想,通过改变中国制造业落后的现状,实现民族复兴之梦。1991年,梁稳根等人将他们的焊接材料厂更名为湖南省三一集团有限公司,意为创造三个"一流",即"创建一流企业、造就一流人才、做出一流贡献"。集团的主业是工程机械装备制造业,主导产品为混凝土机械、挖掘机械、桩工机械、起重机械等。随着集团的几经更名,业务也越做越大。2011年,拥有6万余名员工的三一集团有限公司年销售额已经超过500亿元,足以傲视国内市场,很多产品远销欧洲和日本。在国内，三一建有上海、北京、沈阳、昆山、长沙五大产业园。在全球，三一集团有30个海外子公司，业务覆盖150个国家，在美国、德国和印度相继投资建设了工程机械研发制造基地。集团连续获评为世界500强、中国企业500强、《财富》中文版十大"最受赞赏中国公司"、福布斯"中国顶尖企业""中国最具竞争力品牌"等。

梁稳根常说，是什么造就了今天的三一？是人。当时，一位三一的员工告诉记者，梁稳根管理企业的秘诀之一就是"治人"：重用高端人才、激励普通员工。

记者在采访时看到，在三一集团的车间里，竖着醒目的标语"四要五不"。"四要"的第一条就是"要尊重员工"；"五不"的第一条就是"不准拉帮结派"，由此可见梁稳根在管理方面的用心。

三一集团有明显的家族企业性质，梁稳根的很多亲戚都在三一集团任要职。截至2011年记者采访期间，他的弟弟梁正根任总裁助理，主管审计监察工作。儿子梁冶中任集团副总裁、财务总部总监，中国共青团三一集团有限公司委员会团委书记。另外，财务、人力资源管理、后勤等多位中层领导都与梁稳根等4位创业元老有亲属关系。

但家庭成员并不是三一集团的核心构成。一位集团副总裁告诉记者："梁董最大的魅力就是知人善任，延揽天下之才为我所用。有人说我们是家族企业，但放眼中国，有几个家族化的民营企业会重用职业经理人？梁董对向文波（三一重工总裁）的重用，不是因为他是亲戚或元老，而是因为他有才。"

三一核心管理团队的稳定，在中国商界是出了名的。从一起下海的唐修国、毛中吾、袁金华，到创业初期加入的周福贵、易小刚、王佐春，再到慢慢做大提拔的向文波和翟登科，"三一八大管理精英"数十年不变。从家庭成员到亲密伙伴，可以说，整个三一高层都对梁稳根十分尊重。他不事必躬亲，但可以将自己的意图最大限度地传递下去。

记者在采访中还有一个深刻的感受，就是西汉"文景之治"时的"削藩制度"也被梁稳根活学活用在了企业中。即便是核心管理层的人，他也会不断将其调动部门。这样既能保持管理团队数量和人员不变，又能使"兵无常将"，避免拉帮结派。

让员工"跳起来摘桃子"

对待普通员工，梁稳根更是用心。

2007年4月，梁稳根公布了新的薪酬体系，新入职的本科生起薪3000元，研究生起薪6000元。在那年的招聘市场上，提薪效应的好处立即显现。一位招聘人员说："长沙属于中部城市，不具备地域竞争优势。在校园招聘时，一些我们看上的毕业生几经权衡，最终没有来三一。提薪之后，应聘三一的人马上多了好几倍。"一位企业同行甚至给三一高层打来电话开玩笑说："你们这么做，我们怎么招得到人啊？"

年轻人愿意来三一，还有一个原因就是看中了它的"狂妄"。2005年，向文波在当年销售额约50亿元时立下"5年后总销售额达到500亿元"的目标。2008年2月，梁稳根与集团各子公司总经理签下2010年中长期合约，约定2010年销售额若能达到500亿元，各子公司将获得高达7.6亿元的股权奖励。

"当时，三一还沉浸在销售过百亿元的喜悦中，500亿元对我们来说像个天文数字。"一位研发人员这样回忆当时的感受。但这 7.6 亿元股权奖励，就像个娇艳欲滴的桃子，高高挂在眼前。要想摘到，就要靠大家的共同努力。

"比起短期激励来，中长期激励力度更大，也更能长久地激发员工的动力，但难度自然也大。只有将目标的'桃子'挂得恰好，员工努力跳起来就能摘到，才能取得最大的激励效应。"三一集团绩效管理委员会办公室部长黄建峰这样说。

梁稳根的"桃子"挂得恰到好处。2010 年，三一集团实现了 500 亿元的销售额目标，各子公司奖励也如期兑现。原先的"天方夜谭"变成了现在的"创造奇迹"。

此外，梁稳根设立了"金牌制度"，对员工进行鼓励，并亲自将纯金的奖牌戴在受表彰员工脖子上。还有一次，一位三一的技术骨干在工作期间患病逝世，梁稳根补偿了其家属数千万元。

三一集团对员工的吸引力不仅限于金钱。梁稳根曾提出"帮助员工成功"的理念，他说："没有员工的成功不可能有企业的成功。"在三一集团，除了研发经费，培训经费也是上不封顶的。集团各事业部或子公司每月开展的培训均达到 30 多场，仅在 2011 年上半年，就有"现代营销学之父"科特勒、世界精益大师沃麦克等国际顶级专家来访问讲学。三一还投资过亿元，成立了中专类学校三一机电学校。梁稳根的计划很宏伟：未来将其打造成三一大学。

"过去、现在和将来"

2011 年，《环球人物》记者探访三一集团期间，虽然最终没能采访到梁稳根本人，但在联系的过程中，记者多次接触到了他的"文秘督办团队"。这个团队十几人，有生活秘书、贴身秘书、文字秘书、运营秘书等。他们对记者的问题同样讳莫如深。经过多方寻找，记者终于找到一位"文秘督办团队"的离职人员，她告诉记者，私下里梁稳根对员工比较亲切，他管理三一集团的主要策略就是"过去、现在和将来"。

"过去"指的是对三一集团历史的了解，这甚至被部分人戏称为"洗脑过程"。在梁稳根的老家涟源市茅塘镇有一处"三一陈列馆"，里面的资料和照片讲述了梁稳根将三一集团从一个小作坊经营成如今全球大企业的过程，充满了励志故事和感人细节。每一位三一集团的新员工在入职前都必须前去参观，进行一整天的讲解教育。一位从三一集团离职的司机对此颇有感触："看过三一历史的员工都会由衷产生一种自豪感，为自己是三一人而骄傲。"

但这种自豪感维持的时间似乎不太长。据记者了解，三一集团内部人员流动率并不低。由于严格的绩效考核，很多员工都背负着一定的压力。这种挫折教育其实是三一集团"现在"的管理模式。重视管理的梁稳根一般不干预员工工作，而是用一套完善清晰的奖惩制度来激励员工。不仅如此，梁稳根本人十分喜爱看书，尤其偏爱管理学方面的书籍，如果遇到好书，他会推荐给员工，并组织相关考试。

梁稳根很喜欢开会，有时一天会开三个面向管理层的视频会议，再把意见逐级下发。全公司大会也是经常的事。三一集团的大会一般都在湖南的岳麓山和张家界山区举行。有一次开大会时，梁稳根突发奇想要大家开完会立刻去爬山。他早就准备好了登山的衣服和鞋子，可员工们都是猝不及防，结果就出现了一个全副武装的老总领着一批西装革履的员工爬山的有趣场面。

对于"将来"，梁稳根已立下新的目标："2012年三一集团销售额必须突破1000亿元。"（采访年份为2011年）他还承诺，实现这个目标时，将重奖各级有功员工。在"过去"的动力和"现在"的压力下，"将来"才是梁稳根春风得意之时。

建立各级党组织，发展党员4000人：18年入党路

为在民营企业尝试建立党组织（截至2011年），梁稳根已经努力了整整25年。从2004年之前的18年追求入党，到2009年之前完善党建，再到2011年积蓄力量的三年"储备期"，三个重要阶段贯穿"三一党史"。2011年，三一集团党委已建立了5个党总支、50个党支部，有4000名党员。梁稳根说："很多人认为民营企业党建工作可有可无，我不这么看。三一集团成功的关键就是把追求经济利益和支持党建工作相结合，产生了一股强大的精神力量。"记者数次深入三一集团党委，探究这股"精神力量"的源头。

党建工作"第一高参"

2011年10月8日，记者来到三一集团党委办公室，拜访了党委第一副书记、集团副总裁何真临。这位年过花甲的老党员可谓梁稳根党建工作的"第一高参"。从他2006年来到集团至今，三一党组织已

发展了数千名党员，将中层管理人员的党员比率由15%提升到45%。在一间堆满书籍的办公室里，一提起集团的党建工作，何真临侃侃而谈，几个小时很快就过去了。其间，他驳斥了外界对梁稳根的片面看法，大段大段引用《史记》等名著来说明党建工作对民营企业的重要性。

进入三一集团之前，何真临曾任湖南省轻工业厅的副厅长，长期负责党建工作。他和梁稳根的相识是在一次人大会议上。当时，梁稳根对这个爱较真的学者官员就产生了兴趣。后来的会议期间，两人交谈得非常愉快。梁稳根就盛情邀请何真临来三一集团工作。但何真临说："我一生都献给了党的事业，希望退休时能画上完美句号。"过了几年，在何真临退休前，梁稳根的电话又打来了："我终于等到了这一天，你来三一吧？"尽管当时很感动，但何真临还是没有立刻答应，在考虑许久之后才于2006年来到三一集团。

何真临来后，看到三一的党建工作已初具雏形。何真临于是主抓党员建设，让更多的先进分子加入党员队伍，党组织的各项活动也开展得有声有色。

干部提拔要先递交入党申请书

追溯梁稳根对党建工作的情结，要从他的入党经历开始说起。当年，在老家涟源市茅塘镇时，梁稳根就想成为一名共产党员，他曾经说："当时在农村，只要是党员就会被人重视和尊敬。女孩子找对象都想找党员，我们大家都梦想着入党。"

在考上中南矿冶学院之后，梁稳根写了自己人生中第一份入党申请书。然而，20世纪80年代初，大学生能够入党者凤毛麟角，他没能如愿。在洪源机械厂，梁稳根当了干部之后，鼓足勇气第二次递交了入党申请书。就在等待期间，梁稳根做出了人生最大的转型——下海。于是，恢复了"平民百姓"身份的梁稳根又一次与党组织擦肩而过。在创业小有成绩之后，心有不甘的梁稳根第三次向当地主管部门提出了入党申请。当时，一位省领导还特地过问了此事，但很快有关部门给出了令人失望的答复："梁稳根不能入党。"因为按组织规定，要求入党的私营企业主，其雇用工人数量不能超过七人，"梁稳根不符合这一规定"。

此后，梁稳根一门心思放在发展企业上。经过13年的发展，到2002年，企业已经成为同行业的翘楚，年纳税额超过2亿元，成功入围"中国机械500强企业"，梁稳根还被授予"全国五一劳动奖章"。也就在这期间，国家的政治环境发生了深刻的变化。特别是党的十六大的召开，传递出一个重要信息，那就是：要尊重和保护一切有益于人民和社会的劳动……不能简单地把有没有财产、有多少财产当作判断人们政治上先进和落后的标准，而主要看他们的政治思想状况和现实表现，看他们的财产是怎么得来的以及对财产怎么支配和使用，看他们以自己的劳动对中国特色社会主义事业所做的贡献。

据此，私营企业主不仅可以入党，私营企业也可以成立党组织。

三次申请入党没能如愿的梁稳根，后来曾感慨地说："这么多年来，我对党一直心存感激，心怀敬意。"

2002年冬天，梁稳根重拾"党员梦"，在他的极力推动下，三一集团成立了党委，他自己也成了第一个党员发展对象。两年后，在中国共产党成立83周年时，他对着鲜红的党旗庄严宣誓，18年的追求和努力终于圆梦。这一切可以算作三一集团党建工作的第一阶段。

由于董事长梁稳根以实际行动表现了对党建工作的重视，很多三一中层管理者和员工也都非常积极。对此，梁稳根提出了著名的"三要求"，即党建工作要扎实抓成效、党的例会要雷打不动、提拔干部须先递交入党申请书。据悉，在此之前，三一集团年营业额仅仅为20多亿元，而加强党建工作之后，实现了每年增长50%—60%的跨越式发展。

很多外人都奇怪，为什么加强了党建工作，一个企业的经济就会飞速发展？其实，梁稳根一直将企业文化和党建工作联系起来，"用创新科技和产品精神去开展党建工作"。

在思想上，梁稳根不断对员工阐述"产业报国"；在行动上，他推行品质改变世界。通过党组织，他不断要求三一员工开展管理和技术创新。梁稳根曾幽默地将党建工作分为"规定动作"和"自选动作"。在日常的"规定动作"完成之后，他还在"自选动作"方面不断推进有声有色的党员活动。梁稳根曾经当面和一位高管说："你做高管很优秀，但你不能来我们党内，因为大家觉得你油不拉叽，怎么能做党员？"他还说："优秀的党员可以成为优秀的高管，但是优秀的高管不一定能成为优秀的党员。"

三一集团的人都知道，在梁稳根心中，党员是十分崇高的"荣誉"。2007年，仅仅三年党龄的梁稳根当选为党的十七大代表。

"巨大生命力"的来源

在这之后，三一集团的党建工作迎来了第三个阶段。

一位梁稳根前秘书团队成员对记者透露："2009年是对梁董和三一具有变化意义的一年。"从这年开始，三一集团内部忽然发生了一些微妙的变化。当时，集团规定：所有员工在升迁之前必须入党。三年来，所有升为部长的公司中层，都向党委递交过入党申请书。也是从那时开始，三一的党支部活动异常活跃。三一集团党委书记向文波更是亲自主抓了"红歌会"等多项工作。

据三一集团内部人士介绍，每个月公司都会有党员大会，大家坐在一起进行思想汇报，每次会议重要领导都会临场监督。三一员工的入党过程，完全依照正规机关单位的严谨流程，即考察期长、填汇报表多、推荐人必须承担责任……据悉，有时候，梁稳根个人的办公室摇身一变，就成了党员交流室。每天早上，三一厂区都会响起《歌唱祖国》的歌曲。三一党组织的有关负责人介绍说，梁稳根甚至有一个口头禅，只要看见公司管理层有新面孔就会问："你是党员吗？"

2011年是建党90周年，为了完美展示三一集团党建工作的成就，集团党委和党工办历时一年，不惜耗资100多万元打造了一台"红歌会"。不仅员工代表要表演节目，就是"管理核心团队"也要登台亮相。2011年7月1日晚，三一集团"红心向党，唱响三一"红歌演唱会在湖南五洲大剧院隆重举行，1500名三一员工代表参加了会议。

"红歌会"开始之前，梁稳根首先上台："我有一个重大喜讯，这是三一集团向建党90周年献上的最大礼物。据英国《金融时报》今天公布的'2011年全球上市企业500强名单'，三一重工以215.8亿美元首次跻身世界500强，名列第431位！"台下掌声雷动。

"红歌会"上，集团公司副总裁何真临指挥的合唱《七律·长征》、三一集团首席科学家易小刚深情演唱的《我的祖国》等节目，一次次把大会推向高潮……这台空前规模和水准的晚会取得了巨大成功。应邀出席晚会的湖南省有关领导评价说，这种民企党建工作的常态化，为三一集团注入了巨大的生命力。

2011年，《环球人物》记者在三一集团数日的采访中，很多熟悉梁稳根的管理层都评价说他们的这位领头人有韬略，善于做事但不善于表达。湖南的一些政界人士也证实了这种说法："省市领导都知道梁稳根不善言辞，但很会做事。"少说多做，也许正是我们这个时代需要的。

（文/张雷　袁旻　陆一鸣）

南存辉：温商转型就像老鹰重生

南存辉，现任第十四届全国政协常委，中国民间商会副会长，浙商总会会长。1963年出生于浙江乐清，1984年创办求精开关厂，1991年成立正泰电器有限公司，1994年成立正泰集团。南存辉被视为"浙南模式"的探索者，温州商人的代表。

《环球人物》记者2018年几次见到南存辉，他都会谈到一个话题：改革开放。他说："关于这40年，至少可以说上四天四夜。"采访者们爱问他改革开放的故事，因为他是这场大发展浪潮里的受益者、成功者，也因为他来自一座深受改革影响的城市——温州。

南存辉是个典型的温州人，聪明、果敢、勤奋，始终奉行着温州著名的"双板精神"：白天当老板，晚上睡地板。后来，他又加了一句话："平时看黑板。"没有知识，不懂政治可不行。

他又不是个那么典型的温州人，假货横行时他是"业界良心"，炒房成风时他跑去做亏本实业。大浪淘沙，最后他站到了温商军团的排头——他的正泰集团，2018年已成为全亚洲低压电器产销量最大的企业。

财经作家吴晓波说过："温州能成为全国的创新改革典范，靠的是'温州人'。"这激荡的40年，既是温商抓住机遇强势致富的过程，又是物竞天择优胜劣汰的过程。而从南存辉的故事里，我们能清晰看到，改革开放是怎样改变了一个人、一座城，甚至一个时代的。

"买卖超过8只鸡，就是资本主义的尾巴"

正泰集团的总部位于浙江省温州市柳市镇中心，门前有镇上最重要的两条大道交会。从温州各地区过来的城镇大巴，大多不会直接到柳市车站，而是先停在正泰门口，司机就会喊："正泰，有没有人下？"对柳市人来说，正泰就是镇里的标杆。

柳市镇不大，全镇大约90平方公里，却诞生了1400多家民营企业，4家"中国500强"，是全国最大的低压电器基地，被称为"中国电器之都"。这是浙江省最富有的小镇，但在南存辉的记忆里，40年前的柳市，完全是另一番模样。

1976年，13岁的南存辉被迫辍学——父亲脚骨受伤失去劳动能力，他作为长子必须扛起家庭生计。辍学时，他离初中毕业只剩15天。"我家住的是柳市最破的一套房子。下雨的时候，外面雨下得小，屋里雨下得比外面大。"此后，南存辉在路边擦了3年皮鞋，成了镇上的"擦鞋状元"，月收入是当时一个国企工人的六七倍。

也是在那3年，柳市镇穷则生变。吴晓波在分析温州崛起时说道：

"温州的自然资源较差,可用地少,交通优势不明显,产业工人基础和教育基础比较薄弱。"当不甘贫穷的小镇遇上大时代,变化发生了。"我刚开始擦皮鞋时,边上有个老太太摆一个地摊,监管人员就要过来,买卖超过 8 只鸡,就是资本主义的尾巴。"南存辉说。

渐渐地,南存辉发现把皮鞋穿破的人越来越多,原来是很多农民做了供销员,每天拎个皮包跑业务,修鞋时常从包里拿出一些合同、印章。一天,南存辉发现柳市整条街上全是"前店后厂",大家都在做电器。他听别人说:"改革开放了,农民可以办工厂了,我们可以搞长途运输了,可以跑供销了。"

1984 年,经过多年积累,南存辉与同学胡成中合办求精开关厂。很长一段时间里,这个开关厂没有厂房,因为"不敢露富"。"做电器要炼铜,就悄悄在楼梯下隔出一个房间炼。"南存辉说,"那时候'姓资姓社'的争论在温州特别大,办厂就要被拉去批斗。后来温州 90%的企业都是民营的,有老同志写信到中央,说温州完了,温州统统是资本主义啦!"1991 年,南存辉从求精开关厂单飞,创立正泰电器有限公司,依然没敢建厂。

1992 年,邓小平到南方视察并发表一系列讲话,"发展才是硬道理"一锤定音。南存辉这才建成了自己的第一个厂房。

"你是要牌子,还是要票子?"

在商路行走三十余载,南存辉面对过几次抉择的分岔口。每次的事件不一样,但问题的本质却是同一个:究竟该坚持自我,还是随波逐流?

第一次抉择是在20世纪80年代末,他还在求精开关厂苦苦探索时。那时候民营企业在温州形成声势,"假冒伪劣"开始盛行,温州成了"假货王国"。1987年8月8日,杭州武林广场上,下城区工商局一把火,烧掉了5000多双温州产的劣质皮鞋。而在柳市镇,几乎是全民进入电器行业,很多企业偷工减料,以次充好,导致产品出现事故,给小镇和行业带来毁灭性打击。南存辉一心想做出好东西,可没钱没人没技术,看似只能跟风了。思考再三,他决定去上海寻求支援。当时温州不通火车、飞机,只能坐汽车。但温州公路极差,人们常说"汽车跳,温州到",就指这地方"难进来,难出去"。

到了上海,南存辉找到了刚从上海人民电器厂退休的3位师傅。听到去温州的邀请,师傅们二话没说拒绝了。南存辉就一次次到上海,打个地铺"赖"在师傅家,靠着三顾茅庐的劲儿打动了三人。其中一位宋师傅问南存辉:"你是要牌子,还是要票子?要牌子就得扎扎实实干,要票子就像别人一样搞假货。"

"当然要牌子了!我有什么做得不对的地方,您尽管批评指正,我一定照办。"

最后,3位老人从上海来到柳市镇,帮助南存辉建立热继电器实验室,吃住都在厂里,晚上被子铺在地上就睡了,比许多温州人还卖力,打造出一流的设备和模具,才有了求精开关厂和正泰公司的坚实起步。

南存辉闭关修炼,窗外则是山雨欲来。1989年,国家检查了近7000个经销单位,查出伪劣低压电器170多万件,其中大多数来自柳市。1990年5月,国务院办公厅为柳市镇单独"发文",国家7个部委进驻柳市打假，5个月里全镇1267家低压电器门市部关闭，1544个家庭工业户歇业，359个旧货经营执照被吊销。全浙江叹息：柳市完了。

时任温州市委书记的刘锡荣见状心痛不已，对部委的人说："农民放下锄头办企业，生产电器是伟大的创举，国家什么也没给，不容易啊！你们取缔关闭了就走人，但我们要管百姓的吃饭，要解决就业，考虑社会稳定。"为此，刘锡荣提出"打击、堵截、疏导、扶持"八字原则，创办柳市电器学校、每年拨给白银原料、建立电器质量测试中心、凭"合格证"放行电器商品……这才让柳市重新走上正轨。

"无证的、假冒伪劣的打下去，我们集团作为典型就上了新闻报道，打一次报一次，我们就上来了。"南存辉说，"这也是一个思想解放的过程，让温州人意识到，质量才是生存。"

第二次抉择，是与世界电器巨头施耐德的13年斡旋。1994年，施耐德提出意向收购正泰80%的股份。"刚听到消息可高兴了，外国人给我们提供技术，教我们培训，帮我们提高竞争力，多好。"南存辉特地请了礼仪小姐，拿着鲜花在机场迎接，施耐德业务员一出机舱就热烈欢迎。没想到，业务员回去后，第二天就把正泰给告了，说正泰产品做得和施耐德太像了。合作不欢而散，但南存辉第一次知道了什么叫外观专利，什么叫知识产权。从此，南存辉更加重视起自主创新和知识产权保护。

1998年，施耐德又来谈合资。这次，南存辉没有打欢迎牌，没有搞欢迎仪式，等对方人到了，直接开始谈合作。施耐德提出要收购正泰51%的股份，进而拥有控股权。"我觉得，如果只是为了钱就被收走太可惜了，我们已经有了很强的品牌意识，而且有信心能做赢。"南存辉主动拒绝了这次合资。

此后,施耐德开始一边控告正泰侵犯知识产权,一边与正泰商谈控股意向。从1994年到2007年,施耐德起诉正泰24次,提出的控股价码越来越高。2005年,施耐德再次起诉正泰,正泰积极应诉,还提出了反诉。两年后,温州市中级人民法院做出一审判决,施耐德专利侵权成立,赔偿正泰3.3亿元,这是中国知识产权案诉讼史上的最高价。

"这件事情的意义不在于钱多少,"南存辉说,"而在于让国内的民营企业树立信心。要自强、自信、自立,我们有在国际市场竞争的可能。"

"我做新能源,是十年磨一剑"

南存辉的第三次抉择,与房地产的兴起有关。

2006年,正泰投资3000万美元进军光伏产业。南存辉的理由是:第一,21世纪最大的竞争就是能源竞争,谁能抢占新能源市场的先机,谁就有可能成为下一轮产业兴起的龙头;第二,正泰虽然已做到行业领先,但低压电器毕竟处于行业末端,只能算个配角,而投资光伏产业,能帮助正泰进入前端的发电环节,从而打通全产业链。

然而,在那段温州人疯狂炒房、炒矿的时期,南存辉的决定并不足够吸引股东。正泰内部,好几个股东提议要投资房地产,温州一些银行甚至表示,南存辉如果做房地产,可联合向他授信200多亿元。最后,新华社的记者都给他发来短信:"你们要做房地产吗?"

所有人都觉得应该把钱投向房地产，南存辉坚决不同意，他给股东们讲了一个故事。温州曾经有家很有名的电器企业，在事业蒸蒸日上的时候，没有承受住诱惑，做起了一种专治中老年心血管病的枕头。枕头是大众消费品，需要广而告之，结果很多人以为这家企业不做电器而要转行做枕头了。这样一来，枕头没有像他们想象的那么畅销，电器业务也因为失去信任而萎缩了，这家企业付出了沉重的代价。

他讲这个故事，是想告诉公司里的人，钱来得快，去得也会快，越是美丽的东西越藏着陷阱。他说："我不会因为要赚这笔'短钱'，丢了企业可持续发展的'长钱'！"

然而，太阳能的路也并非一帆风顺。正泰太阳能最早研发的是薄膜电池，没想到不久后硅价暴跌，晶体硅技术的成本远低于薄膜电池。所以，即便是研制出了世界上最好的薄膜电池，正泰也必须果断放弃，之前的成本很多打了水漂儿。诸如此类的弯路让南存辉背负了巨大压力，他一直在心里给自己打气："在没有希望的地方看到希望，在没有机会的地方看到机会。"

2008年世界金融危机，温州的实体经济受到影响，老板们越发依赖房地产，温州炒房团"名震全国"。到了2009年，温州房价逼近4万元/平方米，最高价可达到10万元/平方米，把北京、上海远远甩开。所有人追着红海，没人把钱投给实体，结果房价泡沫破裂，资金链断了。2010年起，温州老板跑路、自杀不断出现，这座城市进入了最灰暗的时期。

"对我来说，2008年爆发的危机，是坏事，也是好事。"南存辉说。由于全球经济不景气，高端人才出现"过剩"，他就抓住这个机会"人才抄底",先后引进了200多位海归博士、外国专家,组建了正泰太阳能研发和高端装备制造团队。同时,欧洲债务危机,虽然经济动荡,但也出现了大量兼并、扩张的机会,"因为这时候最容易找到物美价廉的卖家"。一轮欧债危机下来,南存辉得到了最先进的炼硅技术。

"我做新能源十年,是十年磨一剑。很多新产品,都是五六年前储备的,现在慢慢释放出来。"南存辉说,走过的弯路,都是爆发前的蛰伏。2018年,正泰光伏市占率已成为浙江第一,在全国位居前列。

这些年,所有温商都有疑问:如何转型升级?南存辉用鹰的故事来向记者解答。他说,鹰是世界上最长寿的鸟类,往往能活到70多岁。但它们40岁时,爪子开始老化,喙变得又长又弯,翅膀也十分沉重。于是,它们会在悬崖上筑巢,用喙击打岩石,直至完全脱落;等到新喙长出来,它们就用喙把指甲一个个拔掉;等指甲也长出新的,就把羽毛再一根根拔掉。这样过去5个月,新的羽毛长出来,老鹰又开始飞翔,重新获得了30年的生命。从商也是如此,需要不断摒弃旧思想、旧习惯,同时也要学会静静等待、忍耐,才能获得重生。

南存辉的创业是这样,改革开放的过程也是这样。

(文/余驰疆)

民族品牌走向世界

程与俭：做"大白兔"的奶糖匠人

2019年2月，美国洛杉矶的月均气温创60年来最低，但一些华人却在寒风中排起长队，只为买一款奶味冰激凌。原来，美国店家把中国大白兔奶糖加到冰激凌中，做出大白兔奶糖口味的冰激凌，推出不到1个月，就卖出至少2万支冰激凌甜筒。华人大呼："是大白兔奶糖和糯米纸化在嘴里的感觉！"纷纷回忆起了童年。2019年，"大白兔"在成长的过程中，进实体店、上电视广告，还成为"网红"。2019年，《环球人物》记者来到"大白兔"的诞生地上海，见到了伴随国产奶糖走过40余年的老匠人程与俭——大白兔制作工艺第三代传人。

从农场走进糖厂

1959年，程与俭还嗷嗷待哺，家附近的商店糖果柜则门庭若市，人们争相购买一只"兔子"，即大白兔奶糖。20世纪50年代初，上海爱皮西糖果厂厂长冯伯镛经过半年的研发，做出中国第一款国产奶糖

"ABC米老鼠糖";1956年,实行公私合营制,爱皮西糖果厂改为爱民糖果厂,取"爱国爱民"之意,制作大白兔奶糖;1959年,新中国成立10年,大白兔是国庆献礼产品,正式发售;1976年,爱民糖果厂与益民食品厂合并,加大奶糖生产;自1993年起,大白兔品牌成为"中国驰名商标"。

"大白兔白白胖胖还小小的,配着蓝白相间的糖纸,特别讨人喜欢。"程与俭对记者说。生产大白兔的工厂地点几经变更,2019年,奉贤区和金山区各有一家工厂,分别有12条和2条生产线。程与俭主要在奉贤区的生产线工作。他家在徐汇区,工作日他会搭班车去工厂,到了假日,若想去工厂"琢磨奶糖制作",就得乘40多分钟的地铁、1小时公交,再走10多分钟的路。

小时候,程与俭最期待新年,因为只有在那时,才可以吃到大白兔。程妈妈于1963年进爱民糖果厂,负责将大白兔装到盒子里。当时生产大白兔的工厂只有一条生产线,每天只能产800公斤,"生产时,销售的车子已经在外面等着了"。大白兔每斤售价2.25元,普通人日常买不起,工厂给工人的新年福利就是每人一袋大白兔。对程与俭一家来说,这可是千金难换的"年终奖"。他对记者说:"吃大白兔都不敢一下就吃完的,我咬一口然后包回去,留着下次吃。"那时候的小孩子流行交换糖纸,一张大白兔可以换两三张其他糖果的糖纸。程与俭舍不得和人换,就把大白兔糖纸在书本里压平当书签,每次翻开书本,还能闻到大白兔的奶味。

那是计划经济时代,程与俭记得每次去商场,总能看到顾客拿着购货券换大白兔;本地经销商要进大白兔,得早点去厂里排队,外地经销商甚至提着现金,大老远跑来上海买大白兔。当时奶粉紧张,家长要给小孩买奶粉还得有医生证明。于是,便有人用开水泡大白兔,"七粒大白兔能泡一杯奶"就这样流传开了。

1978年,程妈妈退休了。当时有个政策,退休工人的孩子若在农场务农,可以接替父母在工厂的工作。程与俭在崇明红星农场干了两年就"子承母业"进厂做奶糖了。回忆进厂的第一天,程与俭仍历历在目:"像是进了完全不一样的世界。"他在农场时经常拔草、除草、播种,与大自然很亲近,但进了工厂"要先洗手、戴帽子、穿上白色工作服,整整齐齐的"。他开始学熬煮奶油、调配原料比例、翻打揉捏糖坯(糖、奶粉和奶油的混合物)、剪切糖坯等,"干遍了每道工序"。他才知道要把奶糖做得既软还有嚼劲,秘诀是反复翻打,"打到糖坯的'分子结构'都均匀了才能停手,这样,奶糖口感最好"。最后,他要把糖坯切成各种形状,再包上糯米纸以防止奶糖黏住糖纸。制作一粒奶糖至少得花40分钟。

做奶糖的第一个10年,他当上了糖果高级工。当时,上海轻工业局有个糖果培训班,工厂将一线工人送去培训制糖工艺,程与俭学了半年,考到了高级工证。后来,他进了技术部设计糖的口味,是食品工程师,人们叫他"程工"。他与大白兔的故事进入了新的阶段:他见证了大白兔奶糖"一蹦一跳"进入日趋激烈的市场竞争大潮。

红豆味奶糖年挣千万元

21世纪初,大白兔的电视广告成为人们津津乐道的话题:一头清爽短发的演员金莎和一个男孩子准备蹦极,男孩子不敢,金莎便丢下一粒大白兔,男孩子立马跟着大白兔跳了下去。"大白兔蹦极"的活泼形象深入人心。

程与俭对这个广告赞不绝口。随着改革开放的深入,外国糖果品牌开始深耕中国市场,老国货如何在市场经济下存活,考验着中国的技术匠人。他记得,当时下班后常在杂货店、商场溜达,观察别人吃什么、喝什么,以此考虑做什么口味的大白兔。他做出了酸奶味、玉米味等,在众多口味中,最引以为傲的是红豆口味。2002年,他想制作一款"能让顾客感觉吃到原料的大白兔"。他找来红豆粉和香精,花了两年反复试验,终于制作出红豆口味的大白兔。新产品一面世,有顾客找到他问:"怎么有种沙沙的口感?"程与俭说,就是要有这种口感,才能让人体验吃到红豆的感觉。这款奶糖当年就给工厂带来上千万元销售额,很多商家也竞相模仿,但都没能做出"沙沙的口感"。

程与俭深知市场竞争的激烈,"技术再好,卖不出去也不行"。讲到这里,他转头向记者推荐坐在一旁的"市场达人"沈勤峰。沈勤峰于2003年加入当时大白兔所属的上海冠生园食品有限公司,在市场部负责研究品牌形象。沈勤峰很高、精瘦,说起话来有点严肃,回忆起与大白兔的"初遇"却手舞足蹈起来:"当时我看到那个蹦极广告就想,哇,原来大白兔还做广告啊!"

沈勤峰调研过消费者对大白兔的看法,发现人们觉得它和国外奶糖比起来"有点土"。"但大白兔承载着国人的记忆,应该凸显自身特色。"他从"吃大白兔时要把糖纸拧开"的动作中得到启发,和团队做了款"巨白兔":把糖纸做成大包装,在里面装40粒大白兔。人们要打开外包装,必须先拧开巨大的糖纸。

当时网店、微博已经兴起，沈勤峰决定除了在实体店，还要在网店售卖"巨白兔"。接下来的几天，他看着网店的下单数字不断变大；一打开微博，就看到网友疯转的"巨白兔"照片。很多人没见过这么"大块头"的大白兔，还拍了小视频。"看到网友纷纷分享'巨白兔'，我就知道它真的火了。"这也让他意识到，老牌国产奶糖焕发新生的方式之一是"保留本身特色、在包装上下功夫"。自那之后，大白兔的广告语从"享之不尽、喷喷奶香"变成"快乐分享大白兔"，更加注重分享。

中国软奶糖成国际网红

20世纪70年代，大白兔就走出了国门。1972年1月，美国政府派黑格准将到中国，为时任美国总统尼克松访华做准备。当时，毛泽东主席下令，赠送给黑格及其随行人员每人10斤大白兔。中国工人连夜加班加点，做出了500多斤奶糖。黑格一行人回到美国后，不仅对大白兔大加赞赏，还推荐给尼克松，结果尼克松吃了一口就停不下来了。周恩来总理得知了这个消息，后来在尼克松访华之际，将大白兔正式作为国礼送给他。到今天，大白兔的足迹已经遍布40多个国家和地区。美国各大华人超市也能见到大白兔的身影，2019年，大白兔还"跳"上了纽约时装周，作为中国品牌代表之一亮相。

其实，"大白兔冰激凌"爆红也是因为大白兔在国外的名气。在洛杉矶的一家售卖这款冰激凌的小店，《环球人物》记者见到了各国风味的冰激凌，如日本的"樱花"、爱尔兰的"黑奶油威士忌"。经理凯茜告诉记者：大白兔冰激凌很受欢迎，每个冰激凌球内有约 1.3 个大白兔奶糖。想出将大白兔奶糖加入冰激凌这个创意的是店主、美国人艾德安娜·博洛根，她在大学学的是食品加工，毕业后和朋友开了这家店。她觉得冰激凌的各种口味会让人们想起小时候的味道，而大白兔奶糖早已闻名世界，是中国奶糖的代表。不过，生产大白兔奶糖的冠生园发声，这款冰激凌并未得到他们的授权。或因如此，"大白兔冰激凌"现已改为"大白冰激凌"。

在程与俭眼中，大白兔在国外火了并不是什么新鲜事，他在厂里工作时，就有外国企业找到他们希望出资购买中国奶糖。他告诉记者："华侨华人遍布全球，虽然不在中国，但小时候吃过的奶糖味一直在心中，到国外看到大白兔，就唤起了童年记忆。"其实，外国也有奶糖，但大部分是硬糖和橡皮糖。制作圆柱形奶糖并不容易，"要捏、打，很费劲的！"为什么中国才有这种口味的奶糖？他觉得"中国人愿意花时间、费功夫，一做就是 60 年"，因此，"大白兔有着中国基因"。

2018 年，程与俭退休了，但没有闲下来。前一阵子，车间和技术部的年轻人还给他打电话问他如何做薄荷味的奶糖。他对记者说，做奶糖于他是一辈子的事。

（文 / 陈霖　王如君）

韦俊贤：既有方向感，又有方向盘

眼神坚定、言语利落，康师傅集团CEO韦俊贤总能让人感受到一种胸怀山川、不困沟渠的大格局。20多年间，他曾担任多家国际知名公司高管，并将自己在宝洁、雅芳、妮维雅等大牌企业的成绩归功于中国改革开放的平台："如果没有中国的崛起，我不会有这个机会。"

"中国民营家族企业从创业到专业，有我可以扮演的角色"，这是韦俊贤给自己的定位；"比跨国企业更本土，比本土企业更专业"，这是他给康师傅的定位。营收同比增长超6%，股东应占溢利同比大涨56.59%，2017财年，韦俊贤带领康师傅交出了漂亮的成绩单。

企业发展指挥官：留下制度、系统、人才

2015年，年近六旬的韦俊贤接班魏应州成为康师傅集团新掌门。

作为接班者，他的年纪委实不小，但也意味着功力深厚、经验丰富。进入康师傅前，韦俊贤历任宝洁大中华区副总裁，雅芳、妮维雅亚太区总裁，一手打造了潘婷、SK-Ⅱ、玉兰油等全球畅销品牌，并为这些企业培养了大批优秀的专业经理人。

韦俊贤和康师傅董事长魏应州相识近十年，其间魏应州曾数次邀他加盟。"魏董事长常说康师傅25年来能有今天，要感谢国家、感谢老百姓，企业只有做大做强才能担起更重的社会责任，才能对得起员工、消费者和股东，所以公司一定要走专业化治理的路子。"韦俊贤说。

家族企业要通过高度专业化的经营团队、系统和制度逐渐向现代公司治理模式过渡，其中蕴含机会和风险，魏应州的思路和规划契合了韦俊贤的初心。"我很感谢魏董事长给我这个平台，在企业世代交替的重要阶段，培养人才、带出团队。我可以贡献自己的力量，把积攒了20多年的功夫用一用。下一个25年，我希望给康师傅留下的是制度、系统、人才。"

居高位者需有大格局。韦俊贤经常花精力让团队认识国家和社会的发展趋势。"调结构、稳增长、促发展""三去一降一补"，这些概念被他灵活运用到企业经营战略上。

2015年，韦俊贤上任之初就紧跟供给侧结构性改革的趋势，2017年更是大刀阔斧地转型升级至今。他对"三去一降一补"有自己的认识："中国企业补短板就要补研发、补品牌，还要补系统工程。康师傅一方面不放弃早先通过规模经济发展而获得的成功基础，另一方面要拥抱中产阶层崛起这一千载难逢的历史机遇，积极补短板，完成转型升级，满足、引领甚至创造未来中产阶层的消费需求。"

韦俊贤对新形势敏锐、清醒，在企业经营战略上，他既有方向感又有方向盘。"'一带一路'、乡村振兴、精准扶贫，这些既是国家战略，也是企业发展的抓手，但要找准契合点。食品饮料销售最接地气，现在成长最快的是四、五、六线商圈，农村收成一好，我们的产品销量就能上去。乡村振兴是我们首先要抓的势，要做好供应链，确保低成本送达，赢得广阔的农村市场。"

关于精准扶贫，韦俊贤表示，康师傅既是民族品牌又是农产品深加工龙头企业，没有国家的大好局面，没有人民的认可喜爱，康师傅走不到今天，所以承担社会责任是分内之事。以康巴诺尔蔬菜基地为样板，康师傅将逐步建造更多蔬菜、茶叶等产品原料种植基地，为当地农民提供从培训种植、采摘加工到企业收购的一站式服务。在精准扶贫的同时，也让企业供应链前移，进一步增强对原材料的把控能力，实现互利共赢。

在中国企业纷纷"出海"的大背景下，韦俊贤将康师傅的国际化视为长期战略："走出去需要强大的管理能力，我们现在做的共享中心、'+互联网'都是练内功打基础，这是个渐进的过程，不能指望一蹴而就。"

中国味道新掌勺：既要吃得饱，又要吃得好和巧

在韦俊贤看来，走向国强民富的当下，康师傅的定位已经从最早的充饥解渴进阶到满足消费者更高需求，"既要吃得饱，又要吃得好和

巧"成了这位新掌勺的口头禅。

"想要吃得好，就要不断营养升级，比如康师傅金汤系列的汤底就要舍得下真材实料；想要吃得巧，就要不断制造对味的产品、满足不同消费者的期待，比如我们的DIY面产品。"

在消费升级的新趋势下，康师傅团队积极研发，在调料包的方寸之间演绎着中华饮食文化的博大精深，呈现出越来越多的地道中国味儿，推出了金汤肥牛面、油泼辣子酸汤面、黑白胡椒等一系列新品新味。

韦俊贤是个多面手，康师傅也不止一"面"。传递中国味儿的除了面，还有水和饮料，产品包括涵养泉、优悦水，以及源自中华养生文化的冰糖雪梨、酸梅汤等中国传统饮品。通过口口相传，康师傅在拥有不少"流量代言人"的同时，更收获了众多"走心证言人"，包括郎平、朱婷等体育界名人。

"我也是康师傅的证言人，加班忙起来经常来一碗方便面，果腹又解馋。"韦俊贤笑着说，"这个味儿很带劲儿！"

在韦俊贤看来，康师傅既是民族的，也是世界的。"无论是里约奥运会、平昌冬奥会还是NBA赛场，很多外国朋友对康师傅方便面和冰红茶赞不绝口。"韦俊贤说，康师傅之所以和迪士尼、NBA合作，也是希望在构建消费场景、搭台唱戏的同时借台表演，通过这些有世界影响力的平台延展消费市场，让中国味道飘香海外。

"就像可乐是美国文化的一部分，我也希望康师傅作为民族品牌，成为中国饮食文化的一张亮丽名片。我最大的愿景就是让更多消费者有幸福感和获得感。"

食品安全把关者：要看得更远，谋得更长

食品行业是脆弱的。如果说好味道是食品制造追求的上限，食品安全（简称食安）就是食品企业的生命线。"看起来是一碗面、一杯茶、一瓶水，产业链却很长。"韦俊贤说，"面、水、油、菜、肉，康师傅对每道工序都精益求精，食安是个系统工程。"上任伊始，他就不遗余力地推动康师傅全方位的食安建设。

"真是下了大气力！"韦俊贤说，"这些年光是建上海食安研发中心就花了5亿多元，但这是花在刀刃上的钱，省不得。"通过先进的精密仪器和各项尖端技术，康师傅实现了从原料采购到产品出厂全产业链的监测和可追溯。

不仅自己健体，还要借力强身。在食安管理上，康师傅在与中国农大、浙大等专业强校的合作中，实现用专业赋能企业、让企业指导农业，提升企业采购农产品、开发蔬菜基地、种植有机茶等专业化水平，从源头上确保原材料达标。

韦俊贤表示，在吃得放心的基础上，还要让消费者吃得开心。食安的内涵不仅在于安全，也在于品质。为解决高汤骨渣残留问题，康师傅学习中国航天领域的先进技术，完善了汤底熬制工艺，不仅节省了原材料成本，更把营养给予消费者。此外，康师傅研发的"方便面煎炸过程动态控制系统"，做到了煎炸过程中油品相关参数优于国家标准30%以上。

"许多人把方便面归为垃圾食品，这是一种误解。"韦俊贤说。他认为光把产品做得安全、健康、有品质还不够，更要为整个产业正名。为此，近年来康师傅一直在食品安全科普公益领域奋力耕耘。

韦俊贤从未把康师傅定义为一家生产快消品的企业，而是要做中华饮食文化的传承者；他从未拘泥于方便面的一亩三分地，而是要打破门第藩篱，谋划全产业发展。

"多数跨国企业在中国市场需要布局10年以上才见成效，国际上还有不少传承百年的家族企业。康师傅希望未来成为受人尊崇的百年企业，现在就要看得更远、谋得更长。"

采访中，韦俊贤在公司的"康宝宝"卡通人物模型旁边拍了一张照片。开心的笑容、上扬的左手，是他自己设计的动作，精神状态完全不像一个60多岁的人。坚定的信念、昂扬的心态一直是韦俊贤职业生涯的一部分，现在带领着只有25岁的"康师傅"，他更充满了奋发向上的朝气与活力。

（文/温素威　王洲）

李书福：追求各种可能性并付诸实践

当别人都在跟随时代潮流时，他在超越时代；当别人把他的话当作痴人说梦时，他却频频将美梦成真；当别人质疑连福特都管不好的沃尔沃他如何能管好时，他却屡施妙招，成功进行整合，并朝着互联网汽车时代高歌猛进。

他，就是吉利控股集团的董事长李书福。

美国《华尔街日报》和英国路透社不约而同地把李书福比为亨利·福特——美国福特公司的创始人，称"他们身上都有一股天然的农民智慧"。和亨利·福特一样，李书福的童年也是在农村度过的，他靠着坚定的信念和不懈的努力，白手起家，最终建立起了自己的汽车王国。

20多岁成千万富翁

1963年，李书福出生在浙江省台州一个贫穷的山村。从小调皮的他学习成绩并不是很好，高中毕业那年因3分之差没能考上大学。随后，拿着父亲给的120块钱，李书福做起了照相生意。最开始，他只能背着相机在公园里或大街上给人拍照。半年后，他用积攒起来的钱租了一个店面，开起了照相馆。但这个年轻人并不满足于当一名摄影师，他有更大的野心。

一次偶然的机会，李书福发现，家乡有些工人生产的冰箱零部件销路很好。他也开始在家生产这种零部件，做好就亲自送到冰箱厂去卖。1984年，李书福和几个兄弟合伙办了一个工厂——黄岩县石曲冰箱配件厂，21岁的他担任厂长。

李书福看准了人们购买冰箱的热情。一年后，他做了一个更大胆的决定：生产电冰箱。他组建了黄岩县北极花电冰箱厂，生意越做越大。到了1989年，北极花电冰箱厂的产值已经超过千万元，每天到工厂拉货的车子排起了长队。

1989年，国家对电冰箱实行定点生产制度，民营的"北极花"不在国家定点生产之列。突如其来的政策变化，打乱了李书福的阵脚，他不得不关掉当时产值已经过亿元的冰箱厂，另谋出路。

冰箱厂关门之后，李书福决定南下，到深圳大学"充电"。但很快，他就发现自己的兴趣并不在读书上。在逛装修材料市场时，李书福发现有一种进口装修材料的市场前景很不错，便中断学业回到台州，联合几个兄弟重新创业。他的工厂生产出了中国第一张美铝曲板，后来又成为全国第一家铝塑板生产厂商。生产装修材料给李书福带来了巨大的成功。直到今天，它仍然是吉利集团的主要利润来源之一。

就在李书福的建材生意越做越红火之际，海南房地产热又让他心动。他带着几千万元的资金来到海南，却遭遇地产泡沫破灭，几乎血本无归。对于这段经历，李书福不愿多提，但他并不惧怕失败。他说："失败，这些都是实践的过程，是在学校里学不到的。"在海南炒房失败后，李书福意识到自己只能做实业。带着这条深刻的教训，他又一次回到浙江。

在深圳动了造车念头

其实在李书福的心中，一直有个"汽车梦"。在深圳学习期间，李书福就有了生产汽车的念头。当时，他花6万元买了一辆深圳产的中华牌轿车。"从买了第一辆车以后，就想造汽车了……轿车是什么？不就是四个轮子、一个方向盘、一个发动机、一个车壳，里面两个沙发吗？"正是凭着这股无畏的劲头，李书福把目光投向了全新的领域。

20世纪90年代，汽车行业还没有向民营企业开放。李书福找到当时台州市黄岩区经委的领导，刚把自己要搞汽车的想法说出口，就得到了一句"不可能"的答复；他找到省机械厅，答案还是"不可能"，还多了一句："你去北京也没用，国家不同意，工厂不能建，汽车就是生产出来也不能上牌。"

但李书福没有就此放弃。他决定走迂回路线，先办摩托车厂。"在（对摩托车厂的）参观中，我发现制造摩托车原来如此简单，所以我一直在琢磨这个事情。我发现这里面有商机，有很大的利润空间。"

一开始，李书福对摩托车一窍不通。他买来样车，把它拆掉琢磨其中的原理，再按照市场需求对它进行改良。一年以后，李书福造出了中国第一辆踏板摩托车。产品投放市场后一直供不应求，李书福又一次占领了行业的先机。在经营摩托车厂的过程中，李书福始终不忘为将来建汽车厂布局。他在浙江临海经济技术开发区买了一块850亩的地，名义上说是要生产摩托车，实际上却在筹建"吉利豪情汽车工业园区"。

李书福的造车梦是从模仿开始的。1996年，奔驰刚刚推出新车，李书福就买了两辆，照着设计。后来，他又到一汽，把红旗车的底盘、发动机、变速箱都买回来研究。最后他果真"依葫芦画瓢"造出了一辆车。"玻璃钢的，红旗轿车的底盘、发动机，外观跟奔驰E200一模一样。"李书福兴奋地开着这辆车上街兜风，却很快受到警告：没有生产许可证造出来的车是"犯法"的。这成为李书福造车梦的最大障碍。

在一次饭桌上的聊天中，李书福得知四川德阳监狱下属的一个汽车厂有生产经营权。他急急忙忙赶到德阳，找到那家汽车生产厂，与其合资成立了"四川吉利波音汽车有限公司"，这家公司后来改名为吉利汽车制造有限公司。

1998年8月8日，吉利生产的第一辆车下线。为此，李书福专门搞了一个"下线仪式"，发出去700多张邀请函。但由于当时这辆车尚未列入国家规定的生产目录，李书福的壮举鲜有喝彩，来给他捧场的只有一位副省长。"我当时真想哭。办了100桌酒席，却没有来宾，这是什么滋味？"李书福在多年后谈起当时的场景时，仍有些心酸。

"请给我一次失败的机会"

在生产汽车的同时,李书福时刻不忘要拿到吉利汽车真正的"准生证",那就是登上国家经贸委发布的中国汽车生产企业产品名录公告。1999年,时任国家计委主任的曾培炎视察吉利集团,李书福对他说:"请国家允许民营企业家做轿车梦。如果失败,就请给我一次失败的机会吧。"

"我之所以做汽车,就是认为改革开放不可逆转,它会一直朝前走。作为我们来讲,要做大事需要时间,三年八年要是搞不成,就用一辈子。"李书福曾说。漫长的等待终于有了结果。2001年11月,在我国加入世界贸易组织之前,吉利豪情登上汽车生产企业产品名录,吉利集团成为中国首家获得轿车生产资格的民营企业。

在创业初期,李书福用廉价轿车打开了国内市场。当时的吉利美日和吉利豪情,每辆价格都在3万多元。高档一点的吉利优利欧售价也不过4万元。超低价位引发了同类小轿车的降价风潮,中国低价轿车市场就此被打开,汽车不再是有钱人的专属。

但在经历几年价格优势后,吉利却成为廉价低端的代名词,它甚至被戏谑道:"开吉利车要有一不怕死,二不怕苦的精神。"另外,因为过于模仿其他汽车,吉利也没少吃官司,李书福的处境十分尴尬,情绪也极端低落。有人说他快疯了——见人就讲自己是怎么造出3万元轿车来的。有一回,他与同事喝酒后号啕大哭:"我一不偷、二不抢,每天从早晨6点半工作到晚上11点,辛辛苦苦办企业,为什么别人总嘲笑我?"

也许就是从那时起，李书福萌生了收购世界级汽车品牌的念头。他的吉利品牌开始努力摆脱低端形象，向汽车业的上流俱乐部靠拢。与此同时，李书福也在改变自己。过去他讲究经济实用，连30元以上的衬衣都舍不得穿，现在的他却穿起了西服。

2007年，吉利开始实施全方位战略转型，从"造老百姓买得起的好车"转向"造最安全、最环保、最节能的好车"。现在的吉利已经不再造4万元以下的汽车。"风向转了，不能光讲便宜。"李书福说。

实施战略转型的第三年，也就是2009年，吉利汽车销量达33万辆，比2008年净增10多万辆，同比增长达48%；实现销售收入165亿元，同比增长28%。一个全新强大的吉利汽车品牌形象正日渐清晰起来。

和吉利的销售业绩同样让人印象深刻的，还有李书福的"疯狂言论"："要像卖白菜一样卖汽车""让中国的汽车走向全世界，而不是让全世界的汽车跑遍全中国"……正是这些言论，让李书福获得了"汽车狂人"的称号。经营吉利这个巨大的产业帝国，曾有记者问他有没有压力，李书福的回答是："我没有压力，真是没有压力，什么叫压力我不懂，因为我是农村来的。你说我怕什么，失败了没有关系，回去种地、养鱼、养虾，对不对？承包两亩地，一亩地种菜，一亩地种水稻，怕什么呢？有吃有喝。"没有这样的心态，李书福也许很难坚持到现在。

"让中国汽车跑遍世界"

李书福曾对《环球人物》杂志记者回应了收购沃尔沃的传闻："只

要是有机会，吉利一定会出手，也一定会借由海外抄底。"2008年，吉利汽车终于出手，在海外"抄底"，只是收购对象并非传闻中的沃尔沃，而是受全球金融危机影响进入破产程序的全球第二大变速器公司DSI。

事实上，海外并购对吉利来说并不新鲜。业界认为，吉利收购英国锰铜控股（Manganese Bronze）公司是中国汽车企业海外并购的一个经典案例。2006年，吉利汽车公司通过成为锰铜控股大股东，拥有伦敦著名黑色的士制造商英国汽车制造商公司23%的股权。吉利通过生产转移，避免了复杂的文化差异以及劳资关系带来的困扰，实现了在中国本地化低成本生产。

为了成就打造世界汽车企业的梦想，李书福省吃俭用，把一切可能省下来的钱用到汽车上：吉利的员工经常看到董事长穿一件工作服到职工食堂吃饭；他不喝酒，陪客人吃饭也就点两三个小菜；不认识他的人经常把这位穿着工作服在工厂里来回转悠的老板当成保安。

李书福对记者解释道："如果我每天山珍海味地大吃大喝，吉利集团就会'上行下效'。既然老总一顿饭可以吃个几千元，中层干部一顿饭吃个几百元应该不是问题，依此演绎下去，吉利集团不就成了滋生腐败的摇篮？吉利一直倡导'造老百姓买得起的好车'，反对汽车暴利；在生活方面节约点，这些费用没有转移到汽车成本上，汽车价格不就下来了嘛。"

"想扛起中国民族品牌的汽车人不再需要态度，而是行动。一定要让中国的汽车跑遍世界，而不能让世界的汽车占领中国的市场。我的梦想就是全世界都能看到吉利的车在路上跑。现在我离我的梦想又近了一步，如果有一天吉利成为世界著名品牌，你不要吃惊，那是我的梦想实现了！"李书福豪情万丈地说。

善于抓住机遇而已

当《环球人物》杂志记者来到约定采访吉利集团董事长李书福的地点——北京国际会议中心时，偶遇瑞典电视四台的记者林博，他正忙着调试摄像机的位置。记者问他为什么来采访李书福，他只用了一个词来解释——"沃尔沃"。

尽管外界关于吉利汽车并购"沃尔沃"的传言甚嚣尘上，但在这个敏感的时刻，李书福表示还是尽量不触碰这个话题。

不过，由于记者锲而不舍地一再追问，李书福一脸无奈地从西装的里兜拿出一张折叠好的纸，然后把它打开，一字一句地照着上面念起来："无论是中国的哪家汽车企业参与萨博或者沃尔沃的并购，我都认为是看好这些国际品牌的未来，他们不会长期处于经营不良的状态。我不能随便讲绝对的话，如果吉利集团有并购的消息，我们一定会通过上市公司的公告来告诉大家，我们现在要做的是坚持自己的发展方向，苦练基本功，继续搞好自主创新和人才培养，一旦时机成熟，任何选择都有可能。"长达两分钟的解释过后，李书福说"这是目前关于这个问题最严谨的回答"，然后他将这张纸折好重新放回口袋里。

李书福不愿意碰触"沃尔沃"这一话题，是因为他不能在生意尚未有结果之前，就和盘托出自己的想法和战略，用他自己的话来说，"那我还做不做生意了？"其实，在整个采访过程中，李书福的语气平和而淡定。即使谈到吉利是否并购沃尔沃这样敏感的话题，他也一脸笑意，只是中间夹杂了一丝无奈。然而，当记者提出传闻中他不按常理出牌时，李书福的语气马上变得激动起来："我只是善于抓住机遇而已。"

李书福刚进入汽车行业时，"缺资金，缺技术，缺人才，没有准入证，政府怀疑，银行不信，媒体嘲讽"，但是他认为"自己辛苦一点，委屈一点，只要是能一步步接近自己的理想，委屈也无所谓"。他还认为，"我进入汽车行业是生逢其时，迟一年就会失败，早一年国家不允许"。2005年，国内民营企业开始一窝蜂进入汽车行业，这其中包括已经退出的浙江企业奥克斯。"我当时就预测奥克斯进入汽车行业不会成功。"观察李书福几次成功的创业，从电冰箱到摩托车再到汽车，人们不难发现，每一次他都走在了别人的前面。在李书福看来，没有所谓"常理"，"只要你没有违反规则，那就是常理"。

出生于浙江台州的李书福，他的事业沉浮也集中体现了台州人两种突出的精神气质：面对机会精明，敢为天下先；认准的事不放弃，对失败无所惧。

不怕被质疑的梦想家

不放弃、不畏惧的李书福终于实现了自己的"世界梦"。2010年，他在继"吉利控股集团董事长"的身份之外，又多了一个"沃尔沃汽车集团董事长"的头衔。

他的名字从这一刻开始为世界所瞩目，这种瞩目，除了关注，更多的是质疑。其实在收购前，李书福就不断地"被质疑"。有人认为，吉利作为中国最大的民营汽车企业，要想收购"沃尔沃"，资金会是一个非常棘手的问题。即使"沃尔沃"目前的价值仅为福特1999年收购价值——64亿美元的一半，即32亿美元，也相当于人民币200多亿元，而吉利当时的资金仅有30亿元人民币，资金缺口巨大。

收购成功后，有一次李书福与企业家们聚餐，说起吉利和沃尔沃，一个企业家半开玩笑地说："我可不会买吉利、沃尔沃。"李书福立刻反问："如果我造一辆全世界最安全的车，掉水里不会死，撞也撞不死，你考虑吗？"

李书福对沃尔沃汽车的未来提出了更高要求：零伤亡。

怎么实现？所有人听到这一要求都觉得不可能。李书福说："汽车诞生100多年，最早对安全的理解是机械的1.0时代，是通过机械保护人在发生碰撞的时候减少伤害，比如沃尔沃的安全带、笼式车身结构；之后进化到电子化的2.0时代，就考虑通过电子设备预防事故的发生；现在将步入智能化的3.0时代。"在沃尔沃的未来蓝图中，这就是把车与人、车与车、车与信号灯、车与道路基础设施形成一个动态交互的信息网，通过信息交换实现智能操控，有效降低交通事故概率，进而实现"零伤亡"。"在可能发生交通事故的情况下，通过汽车的自动行为结合互联网的数据，避免碰撞完全可行。"

"真正的安全要突破物权商业社会的逻辑，无法独占，只有通过共享才能达成。只有所有的人都安全的时候，才是真正的安全。这是为什么沃尔沃要做无人驾驶、汽车互联的内在逻辑。"在李书福的概念体系里，沃尔沃将不仅是汽车安全的践行者，还将是车与人、车与车和谐生活的守护者。

对于沃尔沃的运营，李书福并未如外界猜测，对沃尔沃进行传统的"中国化"改造，而是充分展现出一个企业家的国际化视野和广阔胸襟。他的药方是：网罗国际精英组建全新的沃尔沃董事会；制定清晰的治理架构将沃尔沃"放虎归山"；通过对话加强融合；积极拓展中国市场，为沃尔沃汽车全球复兴提供了至关重要的强大市场支持。

对李书福来说，把别人做不好的事情做好，就是最有挑战的事情。

两个梦想

身为千亿富翁的李书福，生活上的俭朴和随遇而安有口皆碑。近距离接触李书福，你在他身上甚至找不到一件名牌衣服。他身上穿着的藏青色西装超不过一千元，而且一穿就是好几年；脚上的皮鞋是浙江本地生产的鞋，而李书福自己觉得这已经很好了，因为平时的李书福穿着的是绣着英文"Geely"（吉利）字样的工作装，坐的是吉利生产的车……

生活简朴的李书福有两大理想：造世界知名汽车和办世界一流大学。而他更愿意用自己创造出的价值来实现他的人生理想。

李书福最初的理想是"造老百姓买得起的好车"，但如今这一目标更正为"造最安全、最环保、最节能的好车"。之所以有这样的改变，是因为"中国的文化认为，只要是老百姓买得起的车都是便宜的，这种价值观使吉利的品牌形象受到影响，再加上目前全球都要求环保，迫使我们对原来的口号进行改进，这也是吉利这个品牌走向世界的需要"。

而北京吉利大学、三亚学院的成功办学,轰动了中国教育界。李书福幸福地说:"办教育虽然没有利润,但我觉得很值得,很欣慰,因为通过办学和助学,我感到跟这个世界联系得很紧密,跟现实联系得很紧密!"

"我们将是一家全球范围内技术遥遥领先的汽车公司!"李书福恢复了他一贯的状态,"你不信是吧?"

不管怎样,李书福正朝着他的梦想大踏步前进,正如他对自己的定位,做一个"追求各种可能性,并付诸实践"的极客。

(文/喻文　白菊梅)

王传福：技术壁垒都是"纸老虎"

采访王传福的时候已是晚上9点多。在比亚迪新产品发布会的后台，休息室门口站着两位健硕而冷峻的黑衣保安。工作人员沟通后，他们打开一道口，让《环球人物》记者进去，大门迅速关闭，隔绝了外界的喧嚣。

21点30分，王传福准时出现。黑色西装、无框眼镜，脸上带着他一贯的神情——不喜不嗔。但他一进来，室内就笼罩上了一种无形的气场。面对记者，王传福言简意赅，但显然更偏爱专业性问题，不假思索就能给出答案，让记者不禁想起他"技术狂人"的外号。对于敏感的新能源汽车补贴问题，他也没有回避，甚至微笑着点了一下头，"谢谢你问这个"。采访过半时，陪同的高管偷偷打了个哈欠，而王传福除了偶尔看一下手机，自始至终都没有游移过目光。

看重"迪粉"的影响力

由于是最新车型"王朝"系列的发布会，《环球人物》记者在现场见到了大批比亚迪和王传福的粉丝。就像苹果产品的追随者被称为"果粉"一样,比亚迪的支持者被称为"迪粉",王传福是他们的偶像。

一位大学生"迪粉"告诉记者,他们在论坛上喜欢把王传福称为"老王",虽然现实中很少有机会近距离接触。"我们希望民族汽车品牌能够迅速成长,拥有自己的核心技术。老王有能力实现这个目标。"对于"迪粉"而言,有王传福出现的发布会就像一次大聚会,来自全国各地的粉丝互相交流心得,还可以目睹"老王"的风采。

外界对于某些"迪粉"的狂热颇有微词,将其类比为追星族,甚至"脑残粉",但王传福十分看重粉丝的影响力。据内部人士介绍,比亚迪有专门的团队对接粉丝,组织活动、收集建议。王传福还参加了首届"迪粉大会",并不断邀请粉丝代表出席公司活动,作为嘉宾发言。在采访中,他多次提到这些铁杆支持者:"我们陷入困境时,他们给我们打气撑腰,出谋划策;网络上有对我们的不公正言论时,他们不遗余力地与对方辩论;我们有了问题,他们也不是一味护短,经常批评和提醒。"

在崇拜者眼中,王传福或许带着某种神秘气息,但在内部人士看来,"老王"在公司出现时跟普通人并没有太大区别。比亚迪的员工对记者透露,王传福通常是一大早开车来上班,在大楼里工作一整天,饿了就去食堂吃饭。不过,他一般是在大家吃完之后才去,"人不多的时候,一个人坐在那里默默地吃"。

在这种时候,没有人会上前打扰。众所周知,王传福是一位典型的工科男,对技术有着旁人无法理解的痴迷。工作人员告诉记者,在思考问题的时候,王传福不喜欢被人打断思路,相比于社交活动和应酬,他更喜欢和科研人员待在一起。

有人曾说，王传福的存在打破了中国第一代企业家不重视技术的形象。他创建比亚迪的时候，绝大多数内地企业还作为"世界工厂"的一颗螺丝钉，用廉价劳动力换取微薄的利润。王传福却很快跨越了这个阶段，组织起本土化的技术研发团队。

"他信赖年轻的工程师胜过资深的欧美技术专家，他认为什么都可以自己造，而且造的比高价买的更管用，他觉得技术专利都是'纸老虎'。"内部人士这样评价。

王传福认为中国企业普遍存在的"技术恐惧症"是被外国对手吓出来的："他们不断告诉你做不成，投入很大，研发很难，直到你放弃。"王传福从来不信这一套，在追随者眼中，这就是"老王"最大的魅力。

"老王卖瓜"背后是 6 万销量

"这些年很多人问我，为什么要做电动汽车？在不同的场合，我的回答可能有很多个版本，但现在我想说，是为了骨气，为中国汽车行业在世界上争口气。"王传福对记者说。

对于企业家来说，计划往往赶不上变化，王传福却总想赶在时代前面。20 世纪 90 年代初，砖头似的"大哥大"手机卖到两三万元一部，当时还在北京有色金属研究总院工作的王传福断定，充电电池的需求会与日俱增，而这正是他研究多年的领域。1995 年，他辞职下海，从做房地产的表哥手中借到 250 万元，在深圳创建了比亚迪。

当时充电电池行业 95% 以上是日本企业的天下，但 1997 年的亚洲金融风暴给了王传福一个绝佳的机会。凭借低廉的成本和高性价比,比亚迪开始成为世界大品牌的首选供应商,松下、索尼、诺基亚、摩托罗拉等先后与其合作。到2008年,比亚迪成为全球最大的锂电池生产企业。

"电池大王"的称号并不能让王传福满足。早在2003年,他就规划了更大的版图——造汽车。相对于中国汽车工业的研发能力和制造水平,很多人将此视为疯狂之举,而王传福的回应是:"一辆上百万元的车,在我看来也就是一堆钢铁。"通过拆解和研究世界最先进的汽车,王传福率领的团队迅速拥有了自己的核心技术。当外界还在评论这种制造模式"简单粗暴"时,比亚迪已经突破传统的燃油动力,在新能源领域闯出了自己的一条路。过去几年中,虽然外界质疑声不断出现,但王传福总能一一化解,带领比亚迪实现"过山车"式的发展。

"搞自主品牌要有壮士断腕的勇气。"王传福说,"我们从不对核心技术感到害怕。别人有,我敢做;别人没有,我敢想。遇到问题解决不了,不是因为你没有能力,而是你缺少勇气。"与此相配的,还有他的傲气。无论业内外,王传福都被视作一位"狂人",这不仅是指他对技术的狂热追求,更是指他毫不掩饰的豪言壮语和"野心"。

2013年,特斯拉风头正劲时,王传福公开表示"家庭消费一旦启动,比亚迪分分钟可以造出特斯拉",结果被不少人抨击。2014年,他再次语出惊人:"未来比亚迪90%的车型都将装配双擎双模技术,到时百公里加速时间超过7秒的都不叫车!"

有人调侃王传福是"老王卖瓜",但这些豪言也从侧面说明了他作为一名企业家的中国梦,正如比亚迪经常被他解读为"Build Your Dreams"(成就你的梦想)。

2015年，中国首次超越美国，成为全球最大的新能源汽车消费市场；比亚迪也以6.17万辆的销量，第一次摘得全球新能源汽车的销量桂冠，全球市场占有率约为11%。在销售数据面前，王传福并不介意外界的负面评价："进入汽车行业13年来，我们有过艰难、想放弃的时候，有过迷茫和困惑。但我认为，一个企业要想真正赢得别人的尊重，不是靠在网络上的唇枪舌剑，而是用领先的技术、一流的品质，以及良好的业绩，使不公正的言论不攻自破。"

"将电动化进行到底"

2016年，王传福的事业重心都在电动汽车的研发上。2014年，比亚迪提出了新能源车"7+4"战略："7"代表七大常规领域，包括城市公交、出租车、道路客运、私家车等；"4"代表四大特殊领域——仓储、矿山、机场、港口。王传福的目标是，要把中国道路交通领域"所有用油的地方全部用电搞定"。听起来又是一个梦想，他却信心十足。

"我们一步一个脚印来。前年先从私家车、城市公交、出租车开始；2015年增加了道路客运、环卫车等4个领域；2016年进一步覆盖机场、港口、矿山，做到新能源汽车全市场覆盖，将电动化进行到底。"

王传福希望在不久的将来，用户可以像使用手机一样使用汽车。新能源车不仅是一个出行工具，还将是一个交互设备、一个虚拟秘书，甚至一个赚钱利器。比如通过大数据分析，汽车智能系统可以对车主的不良驾驶习惯提出改善意见，还能为车主定制喜欢的动力模式。此外，比亚迪也在研发无人驾驶汽车，王传福对此十分看好，他认为随着互联网的发展，智能应用、智能驾驶、辅助导航等一系列"黑科技"将层出不穷。"我们希望通过不断研发创新，保持领先优势。无人驾驶技术我们已经做了充分的储备，一旦市场成熟，一定会最先推出。"

对于全球新能源汽车的格局，王传福在乐观中有强烈的危机感："现在是新能源车百年一遇的爆发期，我认为将持续3—5年的高速成长。企业销量必须成倍增长，否则会跟不上队伍。另外，随着市场蛋糕的做大，行业将面临越来越激烈的竞争，可能在不远的将来进入残酷的洗牌阶段。我现在每天都在思考，未来的路该怎么走？"

正因如此，新能源汽车的骗补问题受到全社会的高度关注，此前比亚迪也陷入了负面传闻。王传福对记者表示，国家支持新能源的政策没有改变，从基础建设到配套措施都在加大力度，有条不紊地推进。"当然，骗补是国家要严厉打击的。政府应该把企业发展的环境治理好，一切违法行为要严惩不贷。我们作为在A股上市的公司，会坚持依法经营，坚守企业责任。"

在王传福看来，体制成就市场，市场成就企业，企业成就企业家。他把新能源产业类比于高铁："中国高铁是在政府的强势推动下才获得了巨大的市场。新能源产业也一样，体制优势推动行业发展，政府将是启动新能源市场的推手。我相信，未来肯定有比欧美一流企业更大、更优秀的中国企业出现。"

（文／尹洁）